AUTORES:

JOSÉ MARÍA CAÑIZARES MÁRQUEZ
CARMEN CARBONERO CELIS

COLECCIÓN OPOSICIONES MAGISTERIO: EDUCACIÓN FÍSICA

EL JUEGO COMO ACTIVIDAD DE ENSEÑANZA Y DE APRENDIZAJE EN EL ÁREA DE EDUCACIÓN FÍSICA:
ADAPTACIONES METODOLÓGICAS BASADAS EN LAS CARACTERÍSTICAS DE LOS JUEGOS.
(VOLUMEN 13)

WANCEULEN
EDITORIAL DEPORTIVA

COLECCIÓN OPOSICIONES MAGISTERIO: EDUCACIÓN FÍSICA

VOLUMEN 13.

EL JUEGO COMO ACTIVIDAD DE ENSEÑANZA Y DE APRENDIZAJE EN EL ÁREA DE EDUCACIÓN FÍSICA. ADAPTACIONES METODOLÓGICAS BASADAS EN LAS CARACTERÍSTICAS DE LOS JUEGOS.

AUTORES

José Mª Cañizares Márquez

- Catedrático de Educación Física
- Tutor del Módulo del Practicum del Master de Secundaria
- Especialista en preparación de opositores
- Autor de numerosas obras sobre Educación y Preparación Física

Carmen Carbonero Celis

- D. E. A. en Instituciones Educativas
- Licenciada en Pedagogía
- Maestra de Primaria y Secundaria en centros de Educación Compensatoria
- Didacta presencial del Módulo de Pedagogía General en el CAP
- Profesora de Pedagogía Terapéutica en Centro Educación Primaria

Título: EL JUEGO COMO ACTIVIDAD DE ENSEÑANZA Y DE APRENDIZAJE EN EL ÁREA DE EDUCACIÓN FÍSICA. ADAPTACIONES METODOLÓGICAS BASADAS EN LAS CARACTERÍSTICAS DE LOS JUEGOS.

Autores: José Mª Cañizares Márquez y Carmen Carbonero Celis

Editorial: WANCEULEN EDITORIAL DEPORTIVA, S.L.

C/ Cristo del Desamparo y Abandono, 56   41006 SEVILLA

Dirección web: www.wanceulen.com

I.S.B.N.: 978-84-9993-484-6

Dep. Legal:

© Copyright: WANCEULEN EDITORIAL DEPORTIVA, S.L.

Primera Edición: Año 2016

Impreso en España:

Reservados todos los derechos. Queda prohibido reproducir, almacenar en sistemas de recuperación de la información y transmitir parte alguna de esta publicación, cualquiera que sea el medio empleado (electrónico, mecánico, fotocopia, impresión, grabación, etc), sin el permiso de los titulares de los derechos de propiedad intelectual. Cualquier forma de reproducción, distribución, comunicación pública o transformación de esta obra solo puede ser realizada con la autorización de sus titulares, salvo excepción prevista por la ley. Diríjase a CEDRO (Centro Español de Derechos Reprográficos, www.cedro.org) si necesita fotocopiar o escanear algún fragmento de esta obra.

ÍNDICE

Presentación de la Colección.

Introducción

1. ASPECTOS COMUNES A TENER EN CUENTA EN EL EXAMEN ESCRITO.

    1.1. Criterios de corrección y evaluación que siguen los tribunales.
    1.2. Consejos sobre cómo estudiar los temas. Estrategias.
    1.3. Recomendaciones para la realización del examen escrito. Estrategias.
    1.4. Modelo estandarizado de presentación de examen escrito.
    1.5. Partes estándares a todos los temas.

2. EL JUEGO COMO ACTIVIDAD DE ENSEÑANZA Y DE APRENDIZAJE EN EL ÁREA DE EDUCACIÓN FÍSICA. ADAPTACIONES METODOLÓGICAS BASADAS EN LAS CARACTERÍSTICAS DE LOS JUEGOS.

COLECCIÓN OPOSICIONES DE MAGISTERIO. ESPECIALIDAD DE EDUCACIÓN FÍSICA

PRESENTACIÓN DE LA COLECCIÓN

Los autores, con muchos años de experiencia en la preparación de oposiciones, hemos plasmado en esta Colección multitud de argumentos y detalles con la finalidad de que cada persona interesada en acceder a la función pública conozca minuciosamente todos los pormenores de la preparación.

La Colección está compuesta por una treintena de volúmenes, de los que veinticinco están dedicados a otros tantos capítulos del temario, y los cinco restantes a cómo hacer y exponer oralmente la programación didáctica y las UU. DD., así como a resolver el examen práctico escrito.

Los destinados a los temas llevan incorporados unos aspectos comunes previos sobre cómo hay que estudiarlos y consejos acerca de cómo realizar el ejercicio escrito.

Los aplicados al examen oral: defensa de la programación y exposición de las U.D.I., también llevan un capítulo referente a cómo es mejor hacer la expresión verbal, el mensaje expresivo, el esquema en la pizarra, etc.

Es decir, los autores no nos hemos ceñido a publicar un temario para las dos pruebas escritas (tema y casos prácticos) y las dos orales (programación y unidades). Hemos querido hacer partícipe de las técnicas que hemos seguido estos años y que tan buen resultado nos han dado, sobre todo a quienes sacaron plaza merced a su propio esfuerzo. No obstante, debemos destacar un aspecto capital: ratio del tribunal, es decir, ¿con cuántos opositores me tengo que "pelear" para conseguir la plaza?

Ya podemos ir perfectamente preparados, que si un tribunal tiene dos plazas para dar y hay diez opositores con un diez... la suerte de tener una décima más o menos en la fase de concurso nos dará o quitará la plaza.

Por otro lado, es conocido que desde hace año en España tenemos diecisiete "leyes de educación", es decir, una por autonomía, además de la que es común para todos y que, como las autonómicas, depende del partido político que gobierne en ese momento. No podemos obviar que la Educación y todo lo que le rodea -incluidos opositores- es un aspecto más de la política, si bien entendemos debería ser justo lo contrario. La formación de nuestros hijos no debe estar en función de unas siglas de unos partidos políticos, porque cuando uno consigue el poder, elimina por sistema lo hecho por el anterior, esté mejor o peor. Ejemplos, por desgracia, hay muchos desde la LOGSE/1990. Así pues, abogamos por un Pacto Educativo que incluya, lógicamente, a opositores y al Sistema de Acceso a la Docencia.

Esto trae consigo que, forzosamente, debamos basarnos en una línea de elementos legislativos. En nuestro caso, además de la nacional, nos remitimos a la de Andalucía. Por ello, las personas opositoras que nos lean deberán adecuar las citas legislativas autonómicas que hagamos a las de la comunidad/es donde acuda a presentarse a las oposiciones docentes.

Para cualquier información corta, los autores estamos a disposición de las personas lectoras en:

oposicionedfisica@gmail.com

INTRODUCCIÓN

Este volumen tiene dos partes claramente diferenciadas:

a) Por un lado tratamos diversos aspectos comunes a todos los temas escritos. Es decir, nos centramos en cómo hay que estudiarlos a partir de los propios criterios de valoración del examen que indica la Consejería de Educación de la Junta de Andalucía, y que suelen ser similares a los de otras autonomías. También incluimos los criterios de otras comunidades, pero no de todas porque se nos haría interminable.

Esta parte también incluye una serie de consejos acerca de cómo estudiar los temas, cuestión que no es baladí porque el opositor está muy limitado por el tiempo disponible para realizarlo.

Esto nos lleva a siguiente punto, el "perfil" de cada opositor, su capacidad grafomotriz muy a tener en cuenta para que en el tiempo dado seamos capaces de tratar el tema elegido con una estructura adecuada a los criterios de evaluación que el tribunal va a usar en la corrección.

Es muy corriente el comentario de "mientras más sepas, más nota sacas y más posibilidades de obtener plaza tienes". Esto trae consigo, en muchas ocasiones, que el opositor se encuentre con "montañas de papeles" sin estructurar, sin saber si un documento reitera lo de otro, sin dominar la capacidad de síntesis ante tanto volumen de definiciones, clasificaciones, teorías, opiniones, etc.

La realidad es muy distinta. El opositor debe llevar preparado al menos veinticuatro documentos (para tener el 100% de que le va a salir en el sorteo un tema estudiado concienzudamente), con la información muy exacta de lo que le da tiempo a escribir correctamente desde todos los puntos: científico, legislativo, autores, estructura del propio examen, sintaxis, ortografía, etc.

Muchas veces nos han preguntado por el conocimiento de los tribunales, si están al día, etc. Nuestra respuesta ha sido siempre la misma: "sabrán más o menos de cada uno de los veinticinco temas, lo leerán con más o menos detenimiento, pero seguro que lo que más saben es corregir escritos porque lo hacen a diario en sus aulas, de ahí que debamos prestar la máxima atención a estos aspectos formales". Para ello añadimos al final una hoja-tipo.

Completamos este primer capítulo con una tabla de planificación semanal que debemos hacer desde un principio para "obligarnos" y seguirla con disciplina espartana, si de verdad queremos tener éxito.

b) Por otro, el Tema 13 totalmente actualizado a fecha de hoy. La persona opositora debe, una vez conozca el volumen de contenidos que es capaz de escribir, hacer un resumen equitativo de cada punto y "cuadrarlo" a su capacidad grafomotriz. A partir de aquí, a estudiarlo... pero escribiéndolo ya que la nota nos la van a poner por lo que escribamos y cómo expresemos esos contenidos. Pero, si en la comunidad donde nos examinemos, el escrito hay que leerlo al tribunal, de nuevo lo haremos, cuanto antes mejor, para ensayar la lectura y que determinadas palabras no se nos "atraganten".

CRITERIOS DE CORRECCIÓN Y EVALUACIÓN QUE SIGUEN LOS TRIBUNALES

Consideramos imprescindible saber **previamente** cómo nos va a evaluar el Tribunal para realizar el examen con respecto a los ítem que va a tener en cuenta. Aportamos varios **modelos** que han transcendido y que, básicamente, se diferencian en la **formulación** de las consideraciones y en su valoración, no en el **fondo**.

CRITERIOS DE EVALUACIÓN EN ANDALUCÍA.

La Consejería de Educación de la Junta de Andalucía informa a los sindicatos, en mayo de 2007, sobre un "borrador" de criterios de evaluación para el "Concurso Oposición al Cuerpo de Maestros 2007". Posteriormente, como pudimos comprobar esa convocatoria y las siguientes, estos criterios se hicieron "firmes".

Transcribimos literalmente los cinco puntos a considerar sobre el tema escrito:

CRITERIOS GENERALES TEMA ESCRITO

Estructura del tema.

a) Presenta un índice.
b) Justifica la importancia del tema.
c) Hace una introducción del mismo.
d) Expone sus repercusiones en el currículum y en el sistema educativo.
e) Elabora una conclusión acorde con el planteamiento del tema.

Contenidos específicos.

a) Adapta los contenidos al tema.
b) Secuencia de manera lógica y clara sus apartados.
c) Argumenta los contenidos.
d) Profundiza en los mismos.
e) Hace referencia al contexto escolar.

Expresión.

a) Muestra fluidez en la redacción.
b) Hace un uso correcto del lenguaje, con una buena construcción semántica.
c) Emplea de forma adecuada el lenguaje técnico.

Presentación.

a) Presenta el escrito con limpieza y claridad.
b) Utiliza un formato adecuado teniendo en cuenta el apartado 4 del artículo 7.4.1. de la Orden de 24 de marzo de 2007, BOJA nº 60 del 26/03/2007.
Nota: Se refiere a aspectos formales tales como no firmar el examen, entregarlo en un sobre con etiquetas, etc.

Bibliografía/Documentación.

a) Fundamenta los contenidos con autores o bibliografía.
b) Sitúa el tema en el marco legislativo pertinente.

La Consejería de Educación de la Junta de Andalucía informa a los sindicatos, en **junio de 2015**, sobre los criterios de evaluación para el "Concurso Oposición al Cuerpo de Maestros 2015". Transcribimos literalmente los cuatro puntos a considerar sobre el tema escrito:

CRITERIOS GENERALES A TENER EN CUENTA EN LA CORRECCIÓN DEL TEMA ESCRITO (JUNIO 2015).

1. Estructura del tema.

a) Secuencia de manera lógica y clara cada uno de los apartados del tema
b) Expone con claridad

2. Contenidos.

a) Argumenta y justifica científicamente los contenidos
b) Conoce y tarta con profundidad el tema
c) Realiza una transposición didáctica de la teoría expuesta a la práctica
d) Fundamenta los contenidos con autores y bibliografía que realmente hagan referencia al contenido en cuestión, así como a la normativa vigente

3. Expresión.

a) Redacta con fluidez
b) Usa correctamente el lenguaje y presenta una adecuada construcción sintáctica
c) Usa con propiedad el lenguaje técnico específico de la especialidad
d) No se aprecian divagaciones, reiteraciones, etc.

4. Presentación.

a) El ejercicio es legible: no hay que estar deduciendo qué quiere decir ni traduciendo el texto
b) Se observa limpieza y claridad en el ejercicio
c) Usa un formato adecuado

CRITERIOS GENERALES A TENER EN CUENTA EN LA CORRECCIÓN DEL TEMA ESCRITO
(Comunidad de Castilla-La Mancha)

Los criterios de evaluación del tema escrito (Comunidad de Castilla-La Mancha), que tuvieron los tribunales en cuenta en la convocatoria de 2007 y que fueron establecidos por la Comisión de Selección de la Especialidad de Educación Física, son:

CRITERIOS PARA EVALUAR EL TEMA ESCRITO. PARTE "A"	Puntuación
1.- Introducción, justificación, índice y mapa conceptual.	(MÁXIMO 1,5 puntos)
2.- Contenidos específicos	
2.1.-Trata todos los epígrafes del tema. 2.2.- Adecuación de los contenidos al tema. Los contenidos se ajustan al tema. 2.3.- Profundización de los mismos. 2.4.- Organización lógica y clara en cada punto. Atendiendo al índice. 2.5.- Argumentación de los contenidos. 2.6.- Referencia al contexto escolar. 2.7.-Relaciona con otros temas del currículum. 2.8.- Originalidad y creatividad en el tema.	(MÁXIMO 6,5 puntos)
3.-Bibliografía	
3.1.- Bibliografía específica del tema. Cita autores y hace referencias bibliográficas. 3.2.- Aspectos legislativos. Hace referencia a la legislación nacional y autonómica.	(MÁXIMO 0,75 puntos)
4.- Conclusión y valoración personal	(MÁXIMO 0,75 puntos)
5.- Aspectos formales. Presentación, estructura, organización, uso de vocabulario técnico.	(MÁXIMO 0,5 puntos)
6.- Errores	
a. Divagaciones b. Faltas de ortografía c. Errores garrafales	SE VALORARÁ NEGATIVAMENTE POR PARTE DEL TRIBUNAL
Total	10 Puntos.

OTROS CRITERIOS GENERALES A TENER EN CUENTA EN LA CORRECCIÓN DEL TEMA ESCRITO

Otros tribunales siguieron unos criterios de evaluación del examen escrito como los que ahora reflejamos:

		CRITERIOS PARA EVALUAR EL TEMA ESCRITO	
1		Introducción, índice y mapa conceptual	Máximo 1 punto
2		Nivel de contenidos	Máximo 5 puntos
	2.1.	Trata todos los epígrafes del tema	
	2.2.	Los contenidos se ajustan al temario	
	2.3.	Relaciona con otros temas del curriculum	
	2.4.	Hace referencia a la legislación nacional y autonómica	
	2.5.	Cita autores y/o referencias bibliográficas	
3		Aspectos formales: presentación, estructura, organización, vocabulario y ortografía	Máximo 3 puntos
4		Conclusión, valoración personal y bibliografía	Máximo 1 punto

Esta tabla tuvo su origen en la Convocatoria de Castilla La Mancha hace unos años. Sus criterios siguen vigentes.

Cuadro resumen de los Criterios de Evaluación	Temas A

1.- Contenidos específicos
  a. Adecuación de los contenidos al tema.
  b. Profundización de los mismos.
  c. Organización lógica y clara en cada punto (Índice).
  d. Argumentación de los contenidos.
  e. Referencia al contexto escolar.
  f. Originalidad y creatividad en el tema.
	2,75 puntos

2.- Introducción y conclusión
  a. Justificación de la importancia del tema.
  b. Repercusiones en nuestra área y en el Sistema Educativo.
  c. Buena introducción del tema.
  d. Conclusión.
	0,5 puntos

3.- Expresión
  a. Fluidez del discurso.
  b. Buena redacción, sin errores sintácticos, redundancias...
  c. Uso del lenguaje técnico.
	1 puntos

4.- Presentación
  a. Limpieza y claridad.
  b. Formato con variedad de recursos (gráficos, sangrías, diferenciación entre títulos, subtítulos, contenidos, esquema, etc.)
	0,5 puntos

5.-Bibliografía
  a. Bibliografía específica del tema.
  b. Aspectos legislativos.
	0,25 puntos

Penalizaciones
  a. Divagaciones
  b. Faltas de ortografía
  c. Errores garrafales
	A restar según criterio del propio tribunal

Totales	5 Ptos.

En **2013**, la Convocatoria de Primaria en **Castilla-La Mancha** incluían estos **criterios**:

PARTE 1B *DESARROLLO DE UN TEMA DE LA ESPECIALIDAD*	PESO ESPECÍFICO
1. Estructurar el tema de forma coherente, secuenciada, justificada y equitativa con todos los apartados.	25%
2. En relación a los contenidos desarrollados, responder al tema planteado, adaptándose al currículum, con aportaciones teórico-prácticas, siendo funcional para la práctica docente.	40%
3. Ser original y creativo en el desarrollo del tema, estableciendo conexiones con otros contenidos del currículum, con aportaciones personales fundamentadas que revelan la creación propia e inédita del mismo.	15%
4. El tema será afín a unas bases teóricas, a una fundamentación científica de la que parte el currículum, al tiempo que aporta ideas nuevas.	5%
5. Mostrar una lectura fluida y comprensible, con una actitud transmisora y un desarrollo expositivo que se ciñan al tema.	15%

En la Convocatoria de **Secundaria** de **Andalucía de 2016**, los criterios o "indicadores" a tener en cuenta por los tribunales para el examen escrito, son:

INDICADORES

- ESTRUCTURA DEL TEMA:

- Índice (adecuado al título del tema y bien estructurado y secuenciado).
- Introducción (justificación e importancia del tema).
- Desarrollo de todos los apartados recogidos en el título e índice.
- Conclusión (síntesis, donde se relacionan todos los apartados del tema).
- Bibliografía (cita fuentes diversas, actualizadas y fidedignas).

- EXPRESIÓN Y PRESENTACIÓN:

- Fluidez en redacción, adecuada expresión escrita: ortografía y gramática.
- Riqueza y corrección léxica y gramatical (IDIOMAS).
- Limpieza y claridad.

- CONTENIDOS ESPECÍFICOS DEL TEMA:

- Nivel de profundización y actualización de los contenidos.
- Valoración o juicio crítico y fundamentado de los contenidos.
- Ilustra los contenidos con ejemplos, esquemas, gráficos…
- Secuencia lógica y ordenada.
- Uso correcto y actualizado del lenguaje técnico.

CONSEJOS SOBRE CÓMO ESTUDIAR LOS TEMAS. ESTRATEGIAS.

Exponemos una serie de consejos que solemos dar a nuestros opositores:

- Cada uno tiene un "método" que ha experimentado durante su vida de estudiante, sobre todo a nivel universitario, de ahí que nuestra influencia sea relativa. No obstante, muchos nos reconocen que *"nunca hemos estudiado en profundidad hasta comenzar a prepararnos las oposiciones"*.

- Reconocemos que hay **múltiples** formas de estudio. Hemos tenido opositores que necesitaban estar tumbados, otros sentados y en total silencio, otros tenían que tener forzosamente una tenue música de fondo, etc. Es decir, existen muchas maneras con más o menos **dependencia/independencia** de **campo**.

- Unos precisan **luz** natural, otros luz blanca o azul, con flexo cercano o con la de la lámpara del techo...

- Hay quien prefiere estudiar a base de **resúmenes** hechos en un procesador de textos y otros, en cambio, tenían que estar a mano.

- Muchos prefieren **grabar** verbalmente los contenidos para reproducirlos cuando viaja, corre, nada o anda y así aprovechar estos "tiempos muertos".

- Otros requieren **gráficos** y mapas conceptuales. Incluso, hemos tenido los que preferían hacer un póster-esquema y colgarlo a la pared para leerlo de pie...

- Otro grupo lo conforman aquellos que prefieren subrayar o señalar los puntos clave con rotulador marcador tipo fluorescente, otros a lápiz... Eso sí, lo señalado debe tener encadenamiento o cohesión interna para verterlo, ya redactado, en el examen, de ahí que **debamos estudiar escribiendo**, porque el examen escrito trata de ello.

- Debemos usar bolígrafos de gel por ser más rápidos en su trazo y papel tamaño A4, que es el que nos van a proporcionar el día del examen. Ojo a los tipos de **bolígrafos permitidos** por los tribunales, debemos estar muy atentos a lo que nos dicen el día de la **presentación**. Independientemente de ello, debemos acostumbrarnos a poner el folio directamente sobre la superficie dura de la mesa, ya que así la velocidad de escritura es superior que si lo situamos encima de otros folios porque éstos hacen que el espacio de apoyo nos frene por ser más blando. Un **reloj** para controlarnos los tiempos es imprescindible también.

- En cualquier caso, no sería bueno estudiar más de dos horas seguidas, sobre todo si estamos sentados. Ello, normalmente, acarrea contracturas dorso-lumbares, en los miembros inferiores, etc. con el consiguiente dolor y molestia. Lo mismo podemos decir a nivel de nuestra visión.

- Realizar **actividad física o deportiva** varias veces a la semana es muy aconsejable por simple razón de compensación y revitalización personal.

- Es bueno, pues, cada dos horas aproximadamente, hacer un **alto horario** de 8-10 minutos para despejarnos mentalmente y estirarnos físicamente. Beber **agua** y la ingesta de **fruta** suele ser positivo. Esto es extensible al día del examen de la oposición.

- No obstante, si la convocatoria nos dice que el escrito durará más de este tiempo, debemos paulatinamente aumentar las dos horas hasta llegar al **tope** marcado.

- Siempre recomendamos realizar una **planificación** semanal personalizada, que regule nuestro **tiempo** destinado al estudio (avance y repaso de los temas del escrito, casos prácticos, exposición oral), al trabajo, deporte, ocio, obligaciones familiares, etc. Ver tabla/ejemplo en la página siguiente.

- **¿Cuánto tiempo dedicar al estudio?** No podemos dar "recetas" pues depende del nivel previo de cada opositor. Hay quien trae excelentes aprendizajes previos de la carrera y hay quien ese nivel lo trae demasiado básico. Otros ya tienen experiencias en oposiciones, etc. Así pues cada uno debe auto regularse en función de sus capacidades y sus circunstancias personales. Genéricamente podemos indicar que, al menos, 4-6 horas/día divididas por un descanso de 10-15 minutos puede ser un estándar adecuado. A partir de ahí, personalizar en función del avance o no obtenido.

- Siempre debemos tener un "**molde personal**" en función de la capacidad grafomotriz, habida cuenta el **ahorro** de tiempo y energía que nos supone seguir esta estrategia.

- De cualquier forma, debemos respetar el dicho popular "*lo que no se recuerda, no se sabe*", de ahí **memorizar comprensivamente** lo más significativo.

- La **memoria**, al igual que ocurre con la condición física, se mejora ejercitándola con frecuencia.

- Tan importante es memorizar un tema nuevo como no olvidar los ya aprendidos, por lo que es necesario **consolidar**, repasando, lo estudiado. Comprobar que dominamos temas anteriores mejora nuestra capacidad de auto concepto.

- De ahí la importancia de estudiar teniendo delante nuestro **resumen personalizado** y olvidarnos de aumentar los contenidos del tema porque, además de crearnos inquietudes, posiblemente no podamos reflejar todo lo que sabemos en el tiempo que tenemos de examen.

Mostramos en el siguiente **gráfico** un claro y rápido ejemplo de cómo auto planificarse el estudio durante la semana a partir de tres **módulos** diarios:

EJEMPLO DE PLANIFICACIÓN SEMANAL-TIPO
Combinación de estudio-repaso-programación-UU.DD.-prácticos-trabajo profesional-descanso

LUNES	MARTES	MIÉRCOLES	JUEVES	VIERNES	SÁBADO	DOMINGO
MAÑANA	MAÑANA	MAÑANA	MAÑANA	MAÑANA	MAÑANA	MAÑANA
TRABAJO	Estudio tema nuevo semana	TRABAJO	Repaso tema nuevo	TRABAJO	Casos Prácticos	Libre
TRABAJO	Estudio tema nuevo semana	TRABAJO	Programación	TRABAJO	Casos Prácticos	Libre
TARDE	TARDE	TARDE	TARDE	TARDE	TARDE	TARDE
Estudio tema nuevo semana	Programación	Repaso temas anteriores	UU. DD.- U.D.I.	Sesión de clase con preparador	Repaso temas anteriores	Repaso temas anteriores

RECOMENDACIONES PARA LA REALIZACIÓN DEL EXAMEN ESCRITO. ESTRATEGIAS.

NOTA: Muchos de los consejos que ahora damos, sobre todo los relacionados con la presentación, escritura, etc. son también aplicables a la realización por escrito de los casos prácticos, si los hubiera.

En las convocatorias anteriores se ha comprobado que la mayoría de aprobados en el examen escrito tenían **buena letra**, además de contenidos notables. Efectivamente, entre los criterios de evaluación que utilizan los tribunales hay algunos puntos destinados a la **presentación** que no podemos desechar. Incluso, si la Orden de la Convocatoria indica que el opositor deberá **leer** su propio **examen** ante el tribunal, éste suele comprobar posteriormente su estructura, sintaxis, ortografía, etc.

No llegar a tiempo a los llamamientos supone la primera **precaución** a tomar. En ocasiones, las instalaciones donde se celebran las oposiciones se ven saturadas desde varios kilómetros antes de llegar. A ello hay que sumar el tiempo para aparcar, buscar el aula asignada, etc. **Llegar tarde** puede suponer la **no presentación** y la consiguiente **eliminación**.

Gracias a las observaciones hechas por los tribunales de años anteriores y por los criterios de evaluación que han transcendido, estamos en disposición de apuntar una serie de anotaciones a considerar por las personas opositoras durante su periodo de preparación con nosotros. Habitualmente los tribunales reservan parte de la nota total para los **aspectos "formales"** del examen, que ahora comentamos. Esto es de vital importancia porque dos opositores con igual cantidad y calidad de contenidos, sacará mejor nota quien mejor lo presente. Ante ello, reservar algunos minutos para poder **revisar** el examen antes de entregarlo, teniendo en cuenta lo siguiente:

- Nadie aprueba con **mala letra**. Igual decimos de la presentación y limpieza.
- Esto lo hacemos extensivo a las faltas de **ortografía**, acentuación, mala **sintaxis**, incorrecciones **semánticas**, **expresión** y **redacción**, **vulgarismos**, **repetir la misma palabra** continuadamente, **tachones**, suciedad, etc. No podemos "escribir igual que hablamos". También, no poner el número del tema elegido o su título. Otro error habitual es el mal uso de los puntos, bien seguido, bien aparte.
- Debemos escribir por **una carilla** -al menos que el tribunal indique otra cosa- con letra más bien grande para facilitar su lectura. No poner detalles como "no recuerdo..."; "creo que..."; "no me da tiempo..."; "me parece que es...".
- La **media** de **folios** (carillas o páginas) que suelen hacer nuestros preparados están entre **14 y 16**, con **17-22 renglones** cada una (20 lo habitual) y **9 palabras/renglón**, teniendo en consideración unos **márgenes laterales** y **superior e inferior** de 2 a 2'5 centímetros. No obstante, conforme avanza la preparación y la habilidad para escribir este tipo de examen, hay quien aumenta el volumen de páginas de manera significativa, pero siempre manteniendo y respetando los criterios de evaluación que suelen tener los tribunales: letra, limpieza, construcción semántica, ortografía, etc. Si preferimos escribirlo en un procesador de textos, como puede ser "Word", el número de palabras suele estar alrededor de las 2400-2700, aproximadamente.
- Los **renglones** deben ser **paralelos** y siempre con el mismo **interlineado**. En caso de tener problemas para hacerlo, podemos llevarnos una **plantilla** ya hecha, como una hoja tamaño folio de cuaderno de rayas, o bien hacerla allí

mismo con lápiz y regla. Si tampoco pudiese ser (a veces los tribunales han hecho especial hincapié en "no entrar con plantilla, regla, etc."), nos esmeraríamos en la realización de la primera página, aunque tardásemos más tiempo, y ésta nos serviría como "falsilla" o planilla de renglones. Otro "**truco**" es hacerla a partir del **DNI** al que previamente le hemos hecho unas señales minúsculas con la anchura que deseamos. Éste nos sustituiría a la regla.

- No se puede ser "loco o loca" escribiendo. Para ello es importante el **entrenamiento** durante el periodo de preparación. De ahí surge la **automatización** de todos estos aspectos, además del sangrado, márgenes, etc. No poner abreviaturas.
- Por otro lado debemos **numerar** las hojas, incluso algunos lo hacen poniendo "1 de 15; 2 de 15…".
- La utilización de **dos colores** de tinta **no** suele estar **permitido**, como tampoco subrayados para señalar los títulos, epígrafes, ideas fundamentales, etc., al menos que el tribunal exprese lo contrario. En todo caso, **preguntar** al tribunal antes de empezar si es posible su uso, así como de tippex. También si se pueden poner gráficos, flechas, tablas, etc., si el tribunal lo permite, pero la Orden de la Convocatoria suele prohibirlo por considerarlo posible "**señal**". Un **bolígrafo** tipo **gel** y apoyarnos sobre un **superficie dura** para que éste se deslice mejor, nos permite mayor velocidad de escritura manteniendo su calidad. Quienes suelen hacer tachaduras, previendo que no les dejen usar tippex, pueden optar por un **bolígrafo borrable por fricción** (marca Pilot o similar) que elimina cualquier rastro de su propia tinta. No obstante, determinados "bolígrafos rápidos" que se basan en tinta tipo gel, suelen ser peor para opositores **zurdos**, por razones obvias. Recordamos la necesidad de seguir exactamente las **instrucciones** que nos dé el tribunal al respecto, habida cuenta tenemos experiencias sobre la **anulación** de exámenes por el uso de este tipo de herramienta de escritura.
- No olvidemos que la mayoría de los títulos de los temas tienen tres puntos, por lo que debemos **dividir** la totalidad de materia que escribamos en tres partes similares. De esa forma, evitamos exponer mucho contenido de una parte en perjuicio de otra. Así pues, normalmente haremos tres puntos con varios sub-puntos cada uno buscando la conexión entre los mismos. Además, pondremos el **índice** al principio, tras el título, **introducción, conclusiones, bibliografía** - que incluye la legislación- y webgrafía. En **resumen**, queda muy bien, limpio y "amplio", la estructuración del examen de esta manera:

    - **Título** del Tema. 1ª página. Mayúsculas y en una única página.
    - **Índice**. 2ª página. En una sola página.
    - **Introducción**. 3ª y 4ª página. Debe tener cierta peculiaridad con objeto de atraer la curiosidad del corrector. Nombrar los descriptores del título y en cada uno dar una o dos referencias del mismo. Podemos "presentarlo" a través de su importancia en el currículo y citar sus referencias legislativas. Usar, preferentemente, dos páginas.
    - **Apartados o descriptores** y los sub-apartados. 5ª página. Es el eje alrededor del cual gira la nota relativa a los contenidos. Incluye definiciones, clasificaciones, teorías, líneas metodológicas, referencias curriculares, aplicaciones prácticas, actividades, etc., todo ello citando a autores y normativa que luego quedarán reflejados en la bibliografía, pero con una redacción técnica. En cualquier caso debemos marcar claramente cuándo finalizamos el primer punto y comenzamos el siguiente. Si somos "olvidadizos", podemos dejar un interlineado relativamente amplio por si nos acordamos después de algún detalle olvidado y deseamos incorporarlo sin tachones.

- **Conclusiones**. Lo más notable que hemos tratado, los puntos clave. Al ser lo último que el corrector lee, deben estar muy cuidadas porque puede influir decisivamente en la nota.
- **Bibliografía**. Reseñar algún libro "comodín" y de los autores nombrados anteriormente. También la legislación significada.
- **Webgrafía**. Alguna general, como revistas digitales, o específica.

En cualquier caso, es **imprescindible** conocer los **criterios de evaluación** que van a seguir los tribunales, máxime si son públicos, como viene ocurriendo en varias comunidades autónomas, y en Andalucía de forma más concreta, tal y como hemos citado en el capítulos anteriores. Debemos, pues, hacer caso de ellos y citar o desarrollar todos los **aspectos** que los criterios mencionan.

Precisamente, el tiempo no lo podemos "regalar" ni despreciar, por lo que si terminamos el examen y aún quedan cinco o diez minutos, debemos **repasar** lo escrito por si se nos ha olvidado algo relevante o no hemos puesto la debida atención a las faltas gramaticales, sesgos sexistas, escritura con "códigos SMS", etc. Así pues, debemos agotar el tiempo subsanando cualquier error.

Si la preparación ha sido buena, nada más hacerse el sorteo de los temas, debemos decidirnos por uno. Inmediatamente nos concentramos y empezamos a desarrollarlo, porque debemos ya tener "**automatizada**" su escritura. Si empezamos a dudar, comenzamos a perder el escaso tiempo que nos dan.

En caso de haber estudiado con "**esquemas**", lo mejor sería hacernos uno en sucio para usarlo como guía en la redacción del examen. Este folio nos sirve también para tomar notas, para ir estructurando el tema, etc. Pero, repetimos, la escritura del tema debemos tenerla automatizada porque si no perdemos el tiempo. Esta hoja la destruiríamos al terminar.

Si hemos preparado una introducción, conclusiones, bibliografía y webgrafía "estándar", podemos irlas escribiendo en el llamado "**tiempo perdido**" que suele haber desde que nos dan los folios hasta que sortean los números de los temas. Después podemos añadir los rasgos específicos del tema ya elegido.

Nuestros preparados suelen preguntarnos por la expresión a usar. Aconsejamos el "**plural mayestático**" (*nosotros, ahora vemos, podemos seguir, observamos*, etc.)

Otro aspecto importante es la **elección** del tema de entre los sorteados. Debemos hacer el que dominemos mejor, el que ya lo hayamos escrito muchas veces durante la preparación, el que nos garantice escribir más folios, en suma, el que nos dé más seguridad.

No olvidar llevarse **agua** y alguna pieza de **fruta**. Normalmente a finales de junio suele hacer mucho **calor** y la sensación de éste aumenta con la tensión del examen.

Ahora adjuntamos una **hoja con un resumen** de los **aspectos formales** del examen escrito del tema, aunque aplicable también a la redacción de los **casos prácticos**.

JOSÉ MARÍA CAÑIZARES MÁRQUEZ Y CARMEN CARBONERO CELIS

MODELO ESTÁNDAR DE PRESENTACIÓN PARA PRUEBA ESCRITA

2.- COORDINACIÓN Y EQUILIBRIO EN LA INICIACIÓN AL FÚTBOL ESCOLAR.

2.1. CONCEPTUALIZACIONES PRELIMINARES.

Desde un primer momento es adecuado tener en cuenta que cualquier movimiento, por mínimo que sea, requiere coordinación y equilibrio adecuados. Por ejemplo, abrir y cerrar una mano conlleva que una serie de grupos musculares realicen (agonistas) la acción y que otros se relajen (antagonistas) para que aquéllos puedan actuar, así como que otros grupos estabilicen (fijadores) los de la muñeca para que lo anterior pueda tener lugar (Téllez, 2014).

La coordinación nos permite hacer lo pensado, es decir, realizar la imagen mental que nos hemos hecho, el esquema motor. Está íntimamente ligada a las habilidades y destrezas básicas a través de su relación con la coordinación dinámico general y la coordinación óculo-segmentaria, respectivamente (Mateos y Garriga, 2015).

Precisamente, las edades porpias de la Primaria son las más críticas para el desarrollo de las capacidades coordinativas (Bugallal, 2011).

Si nos fijamos atentamente en un partido de fútbol podemos observar numerosas acciones diferentes y que, mal hechas, pueden producir lesiones, como dejinses:

a) Carreras

b) Saltos

c) Giros

d) Lanzamientos

Todos ellos con infinidad de VARIANTES. Para que todos esos gestos "salgan bien" ~~havrá~~ habrá sido necesario un director que regule todos los mov. Esta es la función del sistema nervioso.

- 20 -

PARTES ESTÁNDARES A TODOS LOS TEMAS.

Muchas de las personas que preparamos tienen **problemas** por la falta de tiempo o de, simplemente, por ser poco capaces de aprender **introducciones, conclusiones, bibliografías, legislación y webgrafía** de cada uno de los temas.

Uno de los **remedios** para no "castigar" la memoria es confeccionarse unos "**estándares**" o "**comunes**" que den servicio a estos apartados.

Si a ello le unimos la racionalidad en la confección del Índice, a partir de los tres o cuatro apartados o descriptores del título del tema, hemos ahorrado un esfuerzo a nuestra memoria.

Así pues, vamos a dar una serie de **consejos** para que cada persona lectora los elabore de una forma sencilla pero eficaz unos textos usuales, si bien deberíamos a continuación podríamos **complementarlos** con unos **rasgos específicos** del tema que, prácticamente, nos vienen dado por el **título** del tema que nos escribirá el tribunal en la pizarra de la sala de examen. Por ejemplo, si la Introducción la hacemos en dos páginas, los aspectos comunes pueden suponer entre el 60-75 %, es decir, página y un tercio de la siguiente. Si la Conclusión la hacemos en una única, las tres cuartas partes podemos dedicarla a los textos estandarizados y el resto a los concretos del tema escrito.

INTRODUCCIONES COMUNES A TODOS LOS TEMAS

Cuando hemos hablado con los componentes de los tribunales, habitualmente nos indican que suelen fijarse en el "detalle" de si el opositor ha puesto desde el principio o no **referencias** a la **legislación actual**, debido a que suelen entender que cualquier tema debe redactarse **a partir** de las leyes educativas, decretos y órdenes que las desarrollan. Así pues, debemos hacer mención, **respetando su jerarquía**, de:

- Ley Orgánica 8/2013, de 9 de diciembre, para la mejora de la calidad educativa (LOMCE). B.O.E. nº 295, de 10/12/2013.
- Ley Orgánica 2/2006, de 3 de mayo, de Educación (LOE). B.O.E. nº 106 del 04/06/2006. (Modificada por la LOMCE/2013).
- Ley 17/2007, de 10 de diciembre, de Educación en Andalucía. B.O.J.A. nº 252, de 26/12/2007.
- M. E. C. (2014). *Real Decreto 126/2014, de 28 de febrero, por el que se establece el currículo básico de la Educación Primaria.* B. O. E. nº 52, de 01/03/2014.
- M.E.C. (2015). *Orden ECD/65/2015, de 21 de enero, por la que se describen las relaciones entre las competencias, los contenidos y los criterios de evaluación de la educación primaria, la educación secundaria obligatoria y el bachillerato.* B.O.E. nº 25, de 29/01/2015.
- JUNTA DE ANDALUCÍA (2015). *Decreto 97/2015, de 3 de marzo, por el que se establece la ordenación y el currículo de la educación Primaria en la comunidad Autónoma de Andalucía.* BOJA nº 50 de 13/013/2015.
- JUNTA DE ANDALUCÍA (2015). *Orden de 17 de marzo de 2015, por la que se desarrolla el currículo correspondiente a la educación Primaria en Andalucía.* BOJA nº 60 de 27/03/2015.

No obstante, entendemos que sería un buen detalle **citar** también a las **Competencias Clave**, habida cuenta su importancia a partir de la publicación de la LOE/2006, actualizada por la LOMCE/2013.

Igualmente podemos hacer mención a la legislación correspondiente a la evaluación o a la relacionada con la atención a la **diversidad**, pero tanto texto no nos cabe, de ahí la necesidad de **sintetizar** la información que consideremos más representativa.

Otra línea es plasmar alguna "**frase hecha**", como *"enseñar Educación física con éxito supone diseñar una programación coherente con el contexto, disponer de un amplio abanico de estrategias didácticas, generar un clima de clase que invite al aprendizaje, utilizar adecuadamente los recursos materiales y tecnológicos e integrar la evaluación en el proceso de aprendizaje"* (Blázquez y otros, 2010).

Otro ejemplo puede ser: *"Uno de los fines genéricos que persigue la Educación Física escolar es el de favorecer la ubicación personal del alumno/a en la sociedad, en una cultura corporal donde la escuela proporcione al alumnado los medios apropiados para su acceso y, en consecuencia, conseguir los beneficios que de ella pueden conseguir: desarrollo personal; equilibrio psicofísico; mejorar la salud; disfrutar del tiempo de ocio; etc., así como el desarrollo de la autonomía personal ante las influencias que imponen los nuevos mitos sociales"*. *"El cuerpo y el movimiento como ejes básicos de nuestra acción educativa"*; *"el área de Educación Física se muestra sensible a los acelerados cambios que experimenta la sociedad..."*; *"la importancia de las relaciones interpersonales que se generan alrededor de la actividad física permiten incidir en la asunción de valores como el respeto, la aceptación, la cooperación..."*, procedentes de legislaciones pasadas, pero de plena actualidad por la temática expresada.

Posteriormente, en la Introducción debemos hacer referencias a la materia que trata el tema elegido, lo que antes hemos referenciado como "rasgos específicos". Esto nos resulta fácil con un poco de práctica, simplemente comentando una o dos líneas a partir del título del tema que el tribunal detalla en la pizarra. No obstante, el sentido de lo que expresemos debe ir encaminado a lo que "vamos a tratar en el desarrollo del tema..."

CONCLUSIONES COMUNES A TODOS LOS TEMAS

Si en las introducciones se basan en lo que "vamos a estudiar en el tema...", con las Conclusiones ocurre al contrario: "a lo largo del tema hemos visto (escrito, estudiado, tratado, etc.) la importancia de..." Para ello podemos **actuar** como antes, es decir, un par de **párrafos comunes** a todas las temáticas. Por ejemplo, "la trascendencia del conocimiento del propio cuerpo, vivenciándolo y disfrutándolo, además de respetarlo". Otra posibilidad es incluir un párrafo basándonos en algunos ejemplos de estos textos **estandarizados**:

"Todos los niños y niñas tienen el derecho a una educación de calidad que permita su desarrollo integro de sus posibilidades intelectuales, físicas, psicológicas, sociales y afectivas" (Decreto 328/2010). *"Entendemos la etapa de primaria como fundamental para el desarrollo de las capacidades motrices del alumnado y donde el docente debe observar las deficiencias de éstos para corregirlas lo más rápidamente posible"*.

En Andalucía, la O. 17/03/2015, indica que: *"la Educación Física es un área en la que se optimizan las capacidades y habilidades motrices sin olvidar el cuidado del cuerpo, salud y la utilización constructiva del ocio. En Educación física se producen relaciones de cooperación y colaboración, en las que el entorno puede ser estable o variable, para conseguir un objetivo o resolver una situación. La atención selectiva, la interpretación de las acciones de otras personas, la previsión y anticipación de las propias acciones teniendo en cuenta las estrategias colectivas, el respeto de las normas, la resolución de problemas, el trabajo en grupo, la necesidad de organizar y adaptar las respuestas a las variaciones del entorno, la posibilidad de conexión con otras áreas, el juego como herramienta primordial, la imaginación y creatividad"*.

Posteriormente plasmamos algunos rasgos de lo más característico que hemos escrito durante la redacción del tema escogido. Realmente se trata de que destaquemos lo más trascendental de cada uno de los apartados de los descriptores del título, pero con información nueva, expresando que "a lo largo del tema hemos visto la importancia de..." o "hemos indicado en la redacción del tema los conceptos, clasificaciones, didáctica de...".

BIBLIOGRAFÍA COMÚN A TODOS LOS TEMAS

Hay quien diferencia **bibliografía** de **legislación**. Nosotros, al estar ambos documentos en formato papel, lo **unificamos**.

Evidentemente cada tema tiene una serie de volúmenes principales o monográficos de apoyo, pero también está muy claro que hay una serie de **libros generales de didáctica** que vienen muy bien tenerlos en cuenta para ponerlos en la mayoría de los temas. Son las publicaciones que habitualmente se manejan en las facultades de Magisterio. Los tribunales suelen valorar más ediciones de los **últimos años**, aunque siempre habrá libros "clásicos", sobre todo las **monografías** de conocidos autores y que son muy **específicas** de los **temas**. Por ejemplo, Delgado Noguera en temas relacionados con la metodología y organización; Blázquez con evaluación y con la iniciación deportiva; Rigal en motricidad, etc.

Algunos ejemplos de bibliografía **común**, es decir, libros que prácticamente en su totalidad tratan **todas** las **materias** de los veinticinco temas, son:

ADAME, Z. y GUTIÉRREZ DELGADO, M. (2009). *Educación Física y su Didáctica. Manual de Programación.* Fondo Editorial de la Fundación San Pablo Andalucía CEU. Sevilla.

ARRÁEZ, J. M.; LÓPEZ, J. M.; ORTIZ, Mª M. y TORRES, J. (1995). *Aspectos básicos de la Educación Física en Primaria. Manual para el Maestro.* Wanceulen. Sevilla.

BLÁZQUEZ, D.; CAPLLONCH, M.; GONZÁLEZ, C.; LLEIXÁ, T.; (2010). *Didáctica de la Educación Física. Formación del profesorado.* Graó. Barcelona.

CAÑIZARES, J. Mª y CARBONERO, C. (2009). *Currículum de Educación Física en Primaria para Andalucía.* Wanceulen. Sevilla.

CAÑIZARES, J. Mª y CARBONERO, C. (2009). *Currículum de Educación Física en Primaria.* Wanceulen. Sevilla.

CHINCHILLA, J. L. y ZAGALAZ, M. L. (2002). *Didáctica de la Educación Física.* CCS. Madrid.

CONTRERAS, O. R. y GARCÍA, L. M. (2011). *Didáctica de la Educación Física. Enseñanza de los contenidos desde el constructivismo.* Síntesis. Madrid.

CONTRERAS, O. y CUEVAS, R. (2011). *Las Competencias Básicas desde la Educación Física*. INDE, Barcelona.

FERNÁNDEZ GARCÍA, E. -coord.- (2002). *Didáctica de la Educación Física en la Educación Primaria*. Síntesis. Madrid.

FERNÁNDEZ GARCÍA, E. -coord.- CECCHINI, J. A. y ZAGALAZ, Mª L. (2002). *Didáctica de la educación física en la educación primaria*. Síntesis. Madrid.

GALERA, A. D. (2001). *Manual de didáctica de la educación física. Una perspectiva constructivista moderada*. Vol. I y II. Paidós. Barcelona.

GIL MORALES, P. (2001). *Metodología didáctica de las actividades físicas y deportivas*. Fundación Vipren. Cádiz.

SÁENZ-LÓPEZ, P. (2002). *La Educación Física y su Didáctica*. Wanceulen. Sevilla.

SÁNCHEZ BAÑUELOS, F. (1996) *Bases para una Didáctica de la Educación Física y los Deportes*. Gymnos. Madrid.

SÁNCHEZ BAÑUELOS, F. y FERNÁNDEZ, E. -coords.- (2003). *Didáctica de la Educación Física para Primaria*. Prentice Hall.

SÁNCHEZ GARRIDO, D. y CÓRDOBA, E. (2010). *Manual docente para la autoformación en competencias básicas*. C.E.J.A. Málaga.

VICIANA, J. (2002). *Planificar en Educación Física*. INDE. Barcelona.

VILLADA, P. y VIZUETE, M. (2002). *Los Fundamentos teóricos-didácticos de la Educación Física*. Secretaría General Técnica del M. E. C. D. Madrid.

VV. AA. (2008). *Colección de manuales de atención al alumnado con necesidades específicas de apoyo educativo*. (10 volúmenes). C. E. J. A. Sevilla.

ZAGALAZ, Mª L.; CACHÓN, J.; LARA, A. (2014). *Fundamentos de la programación de Educación Física en Primaria*. Síntesis. Madrid.

Esta relación, o parte de ella, no debe aparecer en exclusiva. Antes que nada debemos recordar que es muy conveniente **reseñar autores y año** de publicación **durante** la **redacción** de los diversos apartados o descriptores. Esto, obviamente, nos obliga a incluirlos en la bibliografía "específica" de cada tema. Por ejemplo, en los temas relacionados con la psicomotricidad (7 – 9 – 10 – 11) recomendamos citar a:

RIGAL, R. (2006). *Educación motriz y educación psicomotriz en Preescolar y Primaria*. INDE. Barcelona.

SASSANO, M. (2015). *El cuerpo como origen del tiempo y del espacio. Enfoques desde la Psicomotricidad*. Miño y Dávila editores. Buenos Aires.

TAMARIT, A. (2016). *Desarrollo cognitivo y motor*. Síntesis. Madrid.

Hay una serie de **documentos legislativos** "obligatorios" porque, entre otras cosas, los hemos debido referir en el examen escrito. Además, debemos reseñar otros **específicos** de los temas. Por ejemplo, si tratamos la "evaluación", debemos anotar la Orden de 4 de noviembre de 2015, por la que se establece la ordenación de la evaluación del proceso de aprendizaje del alumnado de educación Primaria en la Comunidad Autónoma de Andalucía.

La legislación general ya la hemos indicado en el apartado anterior sobre "Introducciones comunes", aunque referida a Andalucía. **Cada persona opositora debe adecuarla a la comunidad autónoma donde se presente.**

WEBGRAFÍA COMÚN A TODOS LOS TEMAS

Hoy día muchas de nuestras fuentes consultadas se encuentran en **Internet**, de ahí que debamos señalar algunas **webs fiables**. Nos inclinamos por revistas electrónicas de prestigio en la didáctica general y en la educación física en particular, así como a los portales de las propias **consejerías** de educación de la comunidades autónomas. Todas ofrecen recursos didácticos, experiencias... y legislación aplicada.

Algunos ejemplos, son:

http://www.agrega2.es
http://recursos.cnice.mec.es/edfisica/
http://www.ite.educacion.es/es/recursos
http://www.educarm.es/admin/recursosEducativos#nogo
www.juntadeandalucia.es/educacion/descargasrecursos/curriculo-primaria/index.html
http://www.gobiernodecanarias.org/educacion/webdgoie/
http://www.educarex.es/web/guest/apoyo-a-la-docencia
http://www.catedu.es/webcatedu/index.php/recursosdidacticos
http://www.adideandalucia.es

TEMA 13

EL JUEGO COMO ACTIVIDAD DE ENSEÑANZA Y DE APRENDIZAJE EN EL ÁREA DE EDUCACIÓN FÍSICA. ADAPTACIONES METODOLÓGICAS BASADAS EN LAS CARACTERÍSTICAS DE LOS JUEGOS.

INDICE

INTRODUCCIÓN.

1. **EL JUEGO COMO ACTIVIDAD DE ENSEÑANZA Y APRENDIZAJE EN EL ÁREA DE EDUCACIÓN FÍSICA.**

    1.1. Concepto y definiciones.

    1.2. Funciones del juego.

    1.3. Teorías sobre el juego.

    1.4. Clasificación del juego motor.

    1.5. El juego como medio educativo en el Área de Educación Física. Juego y Currículum.

2. **ADAPTACIONES METODOLÓGICAS BASADAS EN LAS CARACTERÍSTICAS DE LOS JUEGOS.**

    2.1. Relaciones estratégicas en los juegos.

    2.2. La organización de los juegos en la clase de educación física.

    2.3. La selección de los juegos en Primaria. Niveles de adecuación.

    2.4. Consideraciones sobre el desarrollo didáctico del juego. Aplicación a la sesión de educación física.

        2.4.1. Tipos de juego según la parte de la sesión.

    2.5. Juegos y edad. Etapas evolutivas del juego.

CONCLUSIONES

BIBLIOGRAFÍA

WEBGRAFÍA

INTRODUCCIÓN

El juego es la acción de jugar, es decir, el conjunto de acciones que sirven para **divertirse**. El ser humano ha jugado siempre, en toda circunstancia y en toda cultura. No es exclusivo de la infancia, porque se juega a todas las edades y, aunque no ha estado bien visto por la pedagogía tradicional, hoy día está ampliamente asumido. Es una actividad fundamental para el desarrollo de las personas ya que, además de desarrollar todos los aspectos físicos y motrices, su práctica fomenta la adquisición de valores, actitudes y normas necesarias para la convivencia (Gallardo y Fernández, 2010).

Los juegos son la manifestación más importante de la motricidad humana. Desde la consolidación de los primeros esquemas sensoriales en el recién nacido, pasando por la capacidad de simbolización y representación y terminando en los procesos de socialización e integración en grupos cooperativos, el ser humano encuentra en la actividad lúdica su instrumento más privilegiado, contribuyendo al desarrollo de la personalidad (Méndez y Méndez, 2004).

Así, el componente **motor** del juego en las primeras edades disminuye progresivamente y aumentando, por contra, la complejidad del mismo. Las formas del juego adulto son más **sedentarias** y, a veces, son utilizadas de forma inconsciente (Torres y colls, 1994).

Los juegos experimentan grandes modificaciones y muestran características distintas en función de las edades de los jugadores. Por eso es frecuente que los investigadores planteen formas variadas de clasificarlos para describir y explicar estas diferencias (Paredes, 2003).

Juego, aprendizaje y desarrollo constituyen una unidad **indisociable** siendo fuente de aprendizaje porque estimula la **acción**, **reflexión** y **expresión** por parte de niñas y niños. Es una actividad que les permite **investigar** y conocer el mundo de los objetos, de las personas y sus relaciones, explorar, descubrir y crear (García Fernández 2005).

Aunque a primera vista parezca sencillo organizar una sesión de juegos, es una tarea **metodológica** delicada y debemos realizarla prestando atención a todos los aspectos que comprende.

El juego en Educación Física puede ejercer diferentes cometidos, forma parte del diseño curricular como medio, o también puede ser parte fundamental de los contenidos del mismo por su valor antropológico y social. De una u otra forma, los juegos están siempre presentes en la Educación Física, por lo que es preciso que los realicemos lo mejor posible para que puedan cumplir los fines previstos (R. D. 126/2014).

1. EL JUEGO COMO ACTIVIDAD DE ENSEÑANZA Y DE APRENDIZAJE EN EL ÁREA DE EDUCACIÓN FÍSICA.

Actualmente al juego lo podemos entender desde tres perspectivas complementarias: **medio** globalizador (interrelaciona contenidos de educación física con otras áreas); objeto de **estudio** (conocerlo, sus reglas, etc.) y como herramienta **metodológica** (actividad motivadora que facilita el aprendizaje). Estas tres líneas deben estar íntimamente relacionadas para la consecución de los objetivos (Valero, 2002).

1.1. CONCEPTO Y DEFINICIONES.

Paredes (2003), tras un pormenorizado análisis, indica que para el estudio del concepto "*juego*" hay que considerar a "*ludus-i*", vocablo latino, que abarca al campo del juego y diversión. También cita a Huizinga, el cual opina que los vocablos "*ludus, ludere*" abarcan el juego infantil, recreo, competición, etc. Además, realza sus características de ficción, desinterés y delimitación espacial y temporal.

Por su parte, Campo (2000), establece que, desde un punto de vista etimológico, la palabra juego procede del latín "jocus" (iocus-iocare), que significa ligereza, pasatiempo.

En parecidos términos, Suari (2005), destaca además a Caillois (1958), el cual resalta al juego como una actividad incierta, improductiva, reglamentada y ficticia.

Para interpretar el concepto de juego, Paredes (2003) citando a autores como Cagigal (1957), Cañeque (1991) y Ortega (1992), estima que debemos tener en cuenta una serie de rasgos que lo hacen distinto a todo. Por ejemplo, espontaneidad, acción libre, tensión, limitaciones en espacio y tiempo, placentero, autotélico, voluntario, ficticio, incertidumbre, proporciona socialización, etc.

Zagalaz, Cachón y Lara (2014), se manifiestan en parecidos términos: "*actividad libre, espontánea, independiente, incierta, voluntaria, improductiva, que integra la acción con los sentimientos, las emociones y el pensamiento, favoreciendo el desarrollo personal y social y que, a veces, puede ser dirigido*".

Existen multitud de definiciones en la bibliografía especializada. Una de las más habituales y completa es la de Navarro (1993): "*actividad recreativa natural de incertidumbre sometida a un contexto sociocultural*".

Gallardo y Fernández (2010), indican que la definición de Huizinga es ampliamente aceptada: "*el juego es una acción libre, que se desarrolla dentro de un espacio y tiempo determinados, con reglas obligatorias, libremente aceptadas, que tiene fin en sí misma y va acompañada de un sentimiento de tensión y alegría y de la conciencia de ser de otro modo que en la vida corriente*".

1.2. FUNCIONES DEL JUEGO.

Los juegos son una forma **organizada** de la actividad motriz, tanto reglada como espontánea y tienen una evolución a lo largo de la etapa escolar hasta llegar a los deportes. Lo verdaderamente importante del juego es que a la vez que niñas y niños **disfrutan** con el mismo, tiene un carácter multifuncional, el cual va a depender del **tipo** de juego y de la **forma** de jugar (Paredes, 2003).

El juego tiene una **aplicación** en el resto de las **áreas**, sobre todo en la etapa Infantil y Primaria. Su evolución, paralela al desarrollo del escolar, le sugiere distintas formas en función del propio psiquismo y de su evolución social, de manera que atiende desde los primeros pasos y apreciaciones sensoriales hasta el más complicado juego reglado. Sus funciones más reconocidas, son (Paredes, 2003):

Sus funciones más reconocidas, y que son asimilables a las de la educación física en general, son (Paredes, 2003) y Expósito (2006):

- Función de **conocimiento**. La actividad generada por el juego motor es uno de los instrumentos cognitivos fundamentales de la persona, tanto para conocerse a sí misma como para explorar y organizar su entorno más próximo.

- Función de **organización de las percepciones**. Por medio de la organización de sus percepciones sensomotrices, el alumnado va tomando conciencia de su propio cuerpo, espacio y tiempo.

- Función **anatómico funcional**. El juego motor provoca una mejora condición física y capacidad motriz en diferentes situaciones y para distintos fines. Si la actividad lúdica es metódica y continuada, el rendimiento físico del practicante es sensiblemente superior al del sujeto pasivo.

- Función **estética y expresiva**. La llevamos a cabo a través del juego expresivo y dramático, basados en la expresión corporal y en el movimiento.

- Función **comunicativa y de relación**. El juego grupal nos permite un contacto permanente entre los miembros del grupo, por lo que es un excelente medio para establecer vínculos de trato con los demás.

- Función **agonista**. De manera natural, el humano desea mostrar su nivel de competencia y habilidad motriz a los demás, sobre todo a nivel físico-deportivo. Está relacionada con el rendimiento motor.

- Función **hedonista**. El placer en el juego, disfrutar del movimiento y de su eficacia corporal.

- Función **higiénica**. Es la relativa a la conservación y mejora de la salud y el estado físico, así como a la prevención de determinadas enfermedades y disfunciones.

- Función **catártica**. El juego motor nos permite eliminar tensiones de la vida cotidiana, restaurando el equilibrio psíquico y normalizando las conductas.

- Función **simbólica**. Representación de roles.

- Función de **compensación**. Como elemento de resarcimiento ante las limitaciones del medio y el sedentarismo de la sociedad actual. El juego motor es un excelente medio para reparar el inmovilismo de hoy día.

FUNCIÓN DEL JUEGO	PALABRA-CLAVE
Conocimiento	Conocimiento esquema corporal y al medio
Organización de las percepciones	Percepción espacio/tiempo
Anatómico-funcional	Mejora aspectos óseo-muscular y orgánico
Higiénica	Salud e higiene
Estética-comunicativa	Belleza y comunicación con los demás
Relación	Contactos con los demás
Agonista	Superarse a sí mismo
Hedonista	Placer por el movimiento
Compensación	Respuesta ante la vida sedentaria
Catártica	Liberación de tensiones
Simbólica	Realización de roles

Podemos agrupar estas funciones del juego hacia tres **orientaciones**:

- **Función físico-motriz**.- El juego como desarrollo de las capacidades orgánico-biológicas-funcionales. El cuerpo como "instrumento".

- **Función psicomotriz.-** El juego como medio de desarrollo de las capacidades intelectuales: lógicas, cognitivas, memorísticas, etc.
- **Función sociomotriz.-** El juego como realidad social (juego deportivo, juego colectivo, etc.) y como medio de desarrollo de las capacidades sociales (comunicativas, expresivas...)

Todas estas funciones son posibilidades que el juego tiene y que no podemos despreciar. Sin embargo, muchas de ellas pueden resultar anti-educativas si no están reguladas.

1.3. TEORÍAS SOBRE EL JUEGO.

Existen infinidad de teorías. La mayor parte de ellas han pretendido dar respuesta a una o ambas cuestiones (Gallardo y Fernández, 2010):

- ¿**Por qué** juegan niños y adultos?
- ¿**Para qué** juegan niños y adultos?

Las formulaciones teóricas que abordan el fenómeno del juego infantil son relativamente recientes (S. XIX-XX), sin embargo, esta actividad había sido ya observada desde la antigüedad. Existen infinidad de recopilaciones y estudios hechos por muchos autores de campos diversos.

Para el desarrollo de este punto nos centramos en Andreu (2006), aunque también hemos consultado a Campo (2000), Navarro (2002), Sáenz-López (2002), Martínez Fuentes (2002), Fernández -coord.- (2002), Paredes (2003), Gil y Navarro (2004), García Fernández (2005), Expósito (2006) y Gallardo y Fernández Gavira (2010):

a) TEORÍAS CLÁSICAS.

- Teoría de **Platón**. El juego como medio didáctico para aprender oficios de adultos y sus valores.
- Teoría del **recreo**. Schiller (1875). El juego sirve para recrearse, es decir, que su finalidad intrínseca es pasarlo bien, su placer.
- Teoría del **descanso**. Lazarus (1883). La recuperación no sólo se puede alcanzar mediante el descanso, sino también poniendo en movimiento las otras fuerzas que están pasivas durante el trabajo.
- Teoría del **exceso de energía**. Spencer (1897). El juego tiene por función descargar la energía excedente no agotada en las necesidades biológicas básicas y en las actividades útiles.
- Teoría de la **anticipación funcional** o "pre-ejercicio". Groos (1898). El juego es un ejercicio de preparación para poder realizar las actividades que se desempeñará en la vida adulta.
- Teoría **catártica**. Carr (1902). El juego libera a niños y niñas de tendencias antisociales, como la violencia. A través del juego se descarga agresividad.
- Teoría de la **recapitulación**. Hall (1906). Formula la "ley fundamental de la biogénesis". El niño reproduce y sintetiza la transición filogenética, desde el juego animal al juego humano.

b) TEORÍAS MODERNAS.

- Teoría del **instinto**. Decroly (1907) indica que "el juego es un instinto que provoca un estado agradable o desagradable, según sea o no satisfactorio".
- Teoría de **derivación por ficción**. Claparède (1909). El juego sirve para desplegar la personalidad del individuo, que juega para realizar fines ficticios.
- Teoría **psicoanalista**. Freud (1916). El juego simbólico es el medio para obtener placer y cumplir deseos insatisfechos del subconsciente. Freud entiende que el infantil crea un mundo propio donde inserta las cosas en un orden de su agrado, un mundo amable.
- Teoría del **placer funcional**. Bühler (1924). Fundada en la obtención del placer mediante la práctica de un juego y su dominio progresivo.
- Teoría **sociocultural**. Vigostky y otros psicólogos de la escuela soviética (1926). Elaboran una teoría sobre el origen social del juego, llegando a la conclusión que el juego crea una zona de desarrollo próximo en el niño y, a través de él, llega a conocerse a sí mismo y a los demás.
- Teoría **general del juego**. Buytendijk (1933). Propugna que la misma infancia es la razón del juego y que sus características varían en función de las etapas del desarrollo humano.
- Teoría de **Wallon** (1941). La finalidad del juego es el desarrollo motor, afectivo, social e intelectual.
- Teoría **genética-cognitiva**. Piaget (1949) y sus colaboradores de la Escuela de Ginebra, indican que el juego y la imitación son parte integrante del desarrollo de la inteligencia. Al juego se accede por grados de capacidades que dependen de la evolución del pensamiento infantil.
- Teoría **fenomenológica**. Formulada por Scheuerl (1954). Para que una actividad sea juego debe tener conjuntamente libertad, apariencia, ambivalencia, unidad, actualidad e "infinitud interna".
- Teoría de **Château** (1955). A través del juego se logra la afirmación de sí mismo y, a través de la repetición, vuelve a descubrir cada vez lo nuevo. Las reglas confieren orden a la propia existencia del individuo y refuerza la autoafirmación ante el grupo.
- Teoría de **Rüssel** (1970). El juego es una actividad generadora de placer que se realiza por sí mismo.
- Teoría de los fenómenos transicionales de **Winnicott** (1972). La transicionalidad es una modalidad de funcionamiento psíquico que constituyen los fenómenos, el espacio y los objetos transicionales. El objeto transicional es algo material del entorno, por lo general blando, que el bebé elige y usa dentro del área intermedia de experiencia. Posee características paradójicas, pues aunque tiene materialidad, para el sujeto no proviene del exterior ni del interior.
- Teoría de **Elkonin** (1980). El juego tiene una función social, la de enseñar a niñas y niños sus quehaceres de la vida adulta.
- Teoría de **Bruner** (1980). Toma como referentes a Vygotsky y Piaget. Expone una teoría integradora, funcional y constructiva donde el juego es un comportamiento básicamente social que tiene su origen en la acción espontánea, pero orientada culturalmente. El juego como agente de socialización aprendizaje y mejora de la inteligencia.
- Teoría de **enculturación de Sutton-Smith** (1981). Defiende que cada cultura fomenta un tipo de juego para inculcar los valores predominantes de la

comunidad en cuestión. Es una manera muy eficaz de asegurarse la transmisión de la ideología dominante de la sociedad.

También, Paredes (2003), Expósito (2006) y Gallardo y Fernández (2010), engloban a estas y otras teorías en varios apartados que se corresponden con la disciplina que lo ha estudiado: Antropología, Psicoanálisis, Filosofía, Biología y Psicopedagogía, entre otras.

1.4. CLASIFICACIÓN DEL JUEGO MOTOR.

A pesar de referirnos únicamente al motor, existen numerosos tipos clasificatorios (Gil Madrona -coord.-, 2013). Para su estudio los agrupamos en cuatro grandes líneas (Cañizares y Carbonero, 2007):

a) Aspectos más **tradicionales**.

- Las acciones que generalmente se realizan en el juego: transporte, lanzamiento, etc.
- Los instrumentos empleados: raquetas, pelota, discos voladores, etc.
- Los espacios donde se juega: patio, agua, S. U. M., etc.
- Las habilidades que se desarrollan: carreras, saltos, etc.
- La estación del año en que se practica: verano, invierno, etc.
- Las características de las reglas: fijas o movibles.
- Las edades donde son más aplicables.
- Los tipos de interacciones entre los participantes: cooperación, oposición...

b) Según las **características de las reglas**, podemos observar a los siguientes grupos:

- Juego **Libre o Espontáneo**. Surge del propio niño o niña. Reglas efímeras: el "tocar"
- Juego **Dirigido**. El maestro lo introduce. Adapta las reglas a sus objetivos.
- Juego **Simple**. Muy pocas reglas. Pocas exigencias físicas: relevos, pases, etc.
- Juego **Complejo**. Muchas reglas y difíciles. Es de tipo pre-deportivo.
- Juego **Deportivo**. Muchas reglas, fijas, estrictas y estandarizadas, como Mini-Basket.

c) Juegos de gran **aplicación didáctica**.

Desde un punto de vista **práctico**, Cañizares y Carbonero (2007) **establecen un grupo clasificatorio** agrupando a aquellos juegos que prestan un **mayor servicio en nuestro quehacer diario**:

- Juego **cooperativo**. Es muy importante en la Etapa Primaria habida cuenta de sus características: nadie gana ni nadie pierde (Gil y Naveiras, 2007). Hay flexibilización para interpretar las reglas y capacidad de aceptación, por parte de los jugadores, de los múltiples cambios de rol. Los grupos pueden y deber ser heterogéneos (edad, sexo...) y tienen gran importancia para los procesos **comunicativos** y **sociales**, destacando en este sentido compartir los móviles, como puede ser un paracaídas. Su finalidad no es la competición sino el placer de jugar (Orlick, 2001 y Gallardo y Toro, 1993). Por ejemplo, construcciones, coreografías, etc. Al respecto, la **O. 17/03/2015**, indica que *"el aspecto lúdico y deportivo favorece el trabajo en equipo, fomentando el compañerismo y la cooperación"*.

- Juegos de **habilidad**. La habilidad y destreza motriz ocupa un alto porcentaje de objetivos y contenidos. De ahí que en este epígrafe englobemos a todos aquellos que nos sirven para su desarrollo: percepción, básica, expresiva, etc.

- Juego **adaptado**. Son aquellos que los docentes "reinventamos" y modificamos de acuerdo con el **objetivo** educativo que persigamos, espacio disponible, características de un determinado grupo o sub-grupo, niveles, etc. Profesoras y profesores podemos modificar ciertas reglas, el material, el número de jugadores y su rol, etc. (Fernández -coord.- 2002). Por ejemplo, la estructura de "los diez pases", se adecua a este perfil porque lo podemos reformar a pases con las manos, con los pies, con bote, etc.
  En muchas ocasiones esta adaptación es obligada por tener en el grupo alumnado con necesidades específicas de apoyo educativo (a.n.e.a.e.).

- Juego **alternativo**. Se denominan así a las actividades lúdicas que tienen como base la utilización de recursos móviles no habituales. Por ejemplo, la pelota es "sustituida" por el disco volador, la clásica valla de atletismo, por "cono-vallas", etc. Además, el material alternativo abre numerosas aplicaciones didácticas antes imposibles de realizar por no disponer de estos recursos nuevos que continuamente produce la industria del ocio y tiempo libre: pelotas gigantes, discos voladores, bolsitas de granos, etc.

- Juego **predeportivo**. Son aquellos que plantean, bajo unas formas muy similares al deporte concreto que se trate, aproximaciones a la realidad deportiva específica. Por ejemplo, el balón-tiro está diseñado para el balonmano, el balón-torre para el baloncesto, los relevos de botar pelota para el dribling en general, los diez toques para el voleibol, etc. (García-Fogeda, 1982).

- Juego **recreativo**. Aunque a priori todo juego infantil es para recrear, por juego recreativo entendemos aquellos que no tienen otro fin más específico que la propia diversión por la diversión; dan sensación de bienestar, alegría, realización de logros; no reparan en reglas, tiempos, número de jugadores, etc. Por ejemplo, jugar a las canicas, a los "caballos", al coger, etc.

- Juego **popular-tradicional**. Es el "juego de siempre", el que se ha practicado en plazas, calles y patios de colegio. Tiene gran aplicación didáctica habida cuenta que encierra muchos objetivos físicos, motores y socio-afectivos. Tras pasar varias épocas por el ostracismo, en los últimos años está renaciendo. Podemos introducirlos en una U. D. específica o servirnos de ellos para el desarrollo de determinadas habilidades y destrezas motrices. Por ejemplo, "soga-tira", las "siete y media", el "teje", etc.

En este sentido, Navarro (2007) indica que hacia 1990, los juegos mostraron nuevos modelos y, entre ellos, destaca a los tradicionales, cooperativos y alternativos.

d) Clasificación de **autores** más conocidos.

- Clasificación de **Caillois** (1979), citado por Campo (2000), Paredes (2003) y García Fernández (2005).

Desde una aproximación sociológica propone una agrupación del juego, que obedece a aspectos formales, en cuatro rangos:

- o "**Agon**", juegos de competición, de superación. Por ejemplo, los juegos deportivos.
- o "**Alea**", juegos de azar, suerte donde los aspectos intelectivos del participante apenas cuentan. Por ejemplo, dados, cartas, lotería, etc.
- o "**Mimicry**", juegos de imitación, representación o simulación. Por ejemplo, los juegos de expresión o los de tipo simbólico.
- o "**Ilinx**", juegos de vértigo, emoción, riesgo o aventura. Por ejemplo, las atracciones de ferias.

- Clasificación de **Piaget** (1932), citado por Gallardo y Fernández Gavira (2010):

    - o Juego **sensomotor**. Hasta los dos años. Por placer, realizar ejercicios en los que interviene la coordinación sensorio-motriz. Por ejemplo, gatear.
    - o Juego **simbólico**. De dos a seis años. Su objetivo es la asimilación de lo real al yo, la creación de personajes. Por ejemplo, jugar con un plato como si fuese el volante de un coche.
    - o Juego **reglado simple**. Desde los siete años y hasta los 11-12. Implica la imposición de códigos por el grupo. Su violación supone una falta o penalización. Por ejemplo, la comba y otros juegos populares.
    - o Juego de **reglas complejas**. Tiene lugar durante la etapa operaciones formales, a partir de 11-12 años. Por ejemplo, los juegos deportivos.

Zagalaz, Cachón y Lara (2014), establecen: **motores** (los habituales que implican movimiento); **psicomotrices** o individuales (no se interactúa con los demás); **Sociomotrices** (hay relaciones con los demás); **sedentarios** (no implican movimiento); **populares/tradicionales**: unidos por la cultura de una región; **deportivos**: iniciación al deporte con su reglamento.

Otros autores, son: María Montessori, Jean Chateau, Ovidio Décroly, Henri Wallon, D. B. Elkonin…

1.5. EL JUEGO COMO MEDIO EDUCATIVO EN EL ÁREA DE EDUCACIÓN FÍSICA. JUEGO Y CURRÍCULUM.

El juego es un excelente medio didáctico de uso universal, como vehículo para alcanzar los logros escolares (Rosillo, 2010). Adquiere mayor autonomía en todas las etapas educativas debido a que vuelve a ser lo que era y recupera su valor intrínseco. Deja de ser un "cautivo" del deporte y se diversifica, ampliando sus muchas opciones. Así pues, mantiene su lugar como **modelo pedagógico** central e integral en la Ed. Primaria, orientándose hacia el tipo deportivo en etapas posteriores (Navarro, 2007).

Preferentemente en el Área tenemos al juego como medio de nuestra acción didáctica para conseguir fines físicos y psicomotores. No obstante, no podemos olvidarnos del desarrollo afectivo, intelectual, **glósico** (aprendizaje del habla) y ético-social (Ponce y Gargallo, 2003). Además, como jugar es fundamental para el desarrollo de la personalidad de niñas y niños, de ahí su gran poder a la hora de impartir nuestra didáctica (Gallardo y Fernández Gavira, 2010).

Por lo grandes beneficios que tiene el juego como medio educativo, es imprescindible contar con él para la consecución de las metas propuestas (Torres y colls. 1994). Como es una actividad inherente al ser humano, bien encauzada y acorde con la edad y condiciones contextuales, estimula el desarrollo y dominio corporal, favoreciendo la adquisición de todas las habilidades sensorio motrices, capacidad de creación, interacción y cooperación con los demás, habilidades sociales, además de aumentar la autonomía, iniciativa, etc. (Gallardo y Fernández, 2010).

A) El juego en el currículum.

El juego parte de una materia concreta al observar cómo contribuye al logro de varias **Competencias**, los **objetivos** de etapa y área. Proporciona unos **contenidos** globalizadores, integradores y, a la vez, específicos. Por sus características lúdicas, tiene unos recursos **metodológicos** convergentes con las orientaciones planteadas y también posee recursos para obtener información sobre los criterios de **evaluación**. Además permite desarrollar las **funciones** del movimiento, siendo el instrumento más adecuado para implementar la función hedonista (Fernández -coord.- 2002).

El juego viene reseñado en numerosos pasajes de los DD. CC. De Andalucía. Destacamos a:

a) **Introducción**. *"No podemos obviar el papel tan importante y motivador que desempeña el juego en este área, siendo el aspecto lúdico un eje sobre el que gira todo el proceso de enseñanza-aprendizaje. Existe en el juego una respuesta a diferentes situaciones vivenciales en el espacio escolar, la calle, el barrio y diferentes manifestaciones populares. Su práctica habitual debe desarrollar actitudes y hábitos de tipo cooperativo y social basados en la solidaridad, la tolerancia, el respeto y la aceptación de las normas de convivencia. Además, la práctica lúdica se vinculará a la cultura andaluza que aporta multitud de tradiciones y manifestaciones propias de indudable riqueza. Conviene por tanto tener en cuenta la importancia de que los alumnos y alumnas conozcan y practiquen juegos autóctonos y tradicionales, como vínculo de nuestro patrimonio cultural.*

El área de Educación física debe hacer que cada plaza, cada barrio y en definitiva, cada rincón de Andalucía, sea una extensión de las actividades realizadas en los patios de las escuelas, para que en ellos se juegue a lo que se juega en los colegios. En la comunidad y contextos del alumnado se deben encontrar las actitudes que se cultivan en la escuela; de esta forma, el área se consolidará en la categoría de área competencial que promueva acciones, reflexiones y actitudes que aporten nuestro granito de arena para una sociedad más solidaria, saludable y dispuesta a afrontar los retos".

b) **Competencias Clave**.

El área de Educación física contribuye de manera esencial al desarrollo de la **competencia sociales y cívicas**. Las características de la Educación física, sobre todo las relativas al entorno en el que se desarrolla y a la dinámica de las clases, la hacen propicia para la educación de habilidades sociales, cuando la intervención educativa incide en este aspecto. Las actividades físicas, y en especial las que se realizan colectivamente, son un medio eficaz para facilitar la relación, la integración, el respeto y la interrelación entre iguales, a la vez que contribuyen al desarrollo de la cooperación solidaria.

La Educación física ayuda a la consecución de la competencia del **sentido de iniciativa y espíritu emprendedor** en la medida en que emplaza al alumnado a tomar decisiones con progresiva autonomía en situaciones en las que debe manifestar auto superación, perseverancia y actitud positiva. También lo hace, si se le da protagonismo al alumnado en aspectos de organización individual y colectiva de las actividades físicas, deportivas y expresivas. El juego motor aporta a la consecución de esta competencia estas habilidades esenciales: capacidad de análisis; capacidades de planificación, organización, gestión y toma de decisiones; capacidad de adaptación al cambio y resolución de problemas; comunicación, presentación, representación y negociación efectivas; habilidad para trabajar, tanto individualmente como dentro de un equipo; participación, capacidad de liderazgo y delegación; pensamiento crítico y sentido de la responsabilidad; autoconfianza, evaluación y auto-evaluación, ya que es esencial determinar los puntos fuertes y débiles de uno mismo y de un proyecto, así como evaluar y asumir riesgos cuando esté justificado (manejo de la incertidumbre y asunción y gestión del riesgo).

El área contribuye a la **competencia de aprender a aprender** mediante el conocimiento de sí mismo y de las propias posibilidades y carencias como punto de partida del aprendizaje motor desarrollando un repertorio variado que facilite su transferencia a tareas motrices más complejas. Ello permite el establecimiento de metas alcanzables cuya consecución genera autoconfianza. Al mismo tiempo, los proyectos comunes en actividades físicas colectivas facilitan la adquisición de recursos de cooperación.

Desde este área se contribuye en cierta medida a la **competencia digital** en la medida en que los medios informáticos y audiovisuales ofrecen recursos cada vez más actuales para analizar y presentar infinidad de datos que pueden ser extraídos de las actividades físicas, deportivas, competiciones, etc. El uso de herramientas digitales que permitan la grabación y edición de eventos (fotografías, vídeos, etc.) suponen recursos para el estudio de distintas acciones llevadas a cabo.

El área también contribuye en cierta medida a la adquisición de la **competencia en comunicación lingüística**, ofreciendo gran variedad de intercambios comunicativos, del uso de las normas que los rigen y del vocabulario específico que el área aporta.

c) Objetivos de **Etapa**:

El juego está claramente citado en el objetivo "**k**": "*Valorar la higiene y la salud, aceptar el propio cuerpo y el de los otros, respetar las diferencias y utilizar la educación física y el deporte como medios para favorecer el desarrollo personal y social*". No obstante, indirectamente, también lo podemos relacionar con otros.

d) **Objetivos de Área**. Aunque podemos relacionarlos con **todos** los objetivos, el vínculo mayor está con:

O.EF.6. "*Conocer y valorar la diversidad de actividades físicas, lúdicas, deportivas y artísticas como propuesta al tiempo de ocio y forma de mejorar las relaciones sociales y la capacidad física y además teniendo en cuenta el cuidado del entorno natural donde se desarrollen dichas actividades*".

a) **Contenidos**. El bloque más vinculado es nº **4**, "***El juego y el deporte escolar***": desarrolla contenidos sobre la realización de diferentes tipos de juegos y deportes entendidos como manifestaciones culturales y sociales de la motricidad humana. El juego, además de ser un recurso recurrente dentro del área, tiene una dimensión cultural y antropológica. Ponemos unos ejemplos:

4.1. Reflexión e interiorización sobre la importancia de cumplir las normas y reglas de los juegos.
4.2. Utilización y respeto de reglas del juego para la organización de situaciones

colectivas.

Por todo ello podemos concluir que el juego es básico en el desarrollo de los contenidos del currículum de Educación Física en Primaria.

   b) **Criterios de evaluación**. Entendemos que el juego está implícito de una u otra forma en la mayoría de los criterios oficiales. No obstante, destacamos:

C. 3. Resolver retos tácticos elementales propios del juego y de actividades físicas, con o sin oposición, aplicando principios y reglas para resolver las situaciones motrices, actuando de forma individual, coordinada y cooperativa y desempeñando las diferentes funciones implícitas en juegos y actividades.

C. 13. Demostrar un comportamiento personal y social responsable, respetándose a sí mismo y a los otros en las actividades físicas y en los juegos, aceptando las normas y reglas establecidas y actuando con interés e iniciativa individual y trabajo en equipo.

En cuanto a los **estándares** de aprendizaje, señalamos:

3.1. Utiliza los recursos adecuados para resolver situaciones básicas de táctica individual y colectiva en diferentes situaciones motrices.
13.5. Acepta formar parte del grupo que le corresponda y el resultado de las competiciones con deportividad.

2. ADAPTACIONES METODOLÓGICAS BASADAS EN LAS CARACTERÍSTICAS DE LOS JUEGOS.

El juego es una actividad intrínsecamente motivadora y facilita el acercamiento natural a la práctica del ejercicio físico. Además, se ajusta a los intereses del alumnado y evoluciona en función de ellos (Rosillo, 2010).

La evolución de los juegos, según las **edades** de los niños, nos servirá de orientación para realizar aquellos más apropiados a su situación real (Gutiérrez, 1991).

Desde un punto de vista **metodológico**, destacamos:

- El juego es el eje sobre el que giran las actividades motrices.
- Tanto el espontáneo como el reglado tienen su sitio en el proceso de enseñanza-aprendizaje. El primero favorece un trabajo libre en los primeros años, el segundo atiende a normas cada vez más complejas.
- El escolar debe aprender juegos para realizarlos en su tiempo de ocio y que éste sea saludable.
- El juego como estrategia metodológica y como manifestación popular.
- Mediante la práctica lúdica se perfeccionan las habilidades motrices, poniéndose en funcionamiento las estrategias de cooperación y oposición.

Por otro lado, niñas y niños juegan cada vez menos en la calle. La inseguridad, la falta de espacios y la moda de los juegos electrónicos y del juego por Internet, hace necesario que en Educación Física se incremente el tiempo dedicado al juego motor.

Por todo ello, en la escuela debemos **ofertar**:

- Conocimiento de juegos populares, pre-deportivos y deportivos

- Espacios y recursos móviles adecuados en los tres tiempos pedagógicos
- Organización de talleres por las tardes
- Implicar a las familias para que se involucren en las actividades
- Actividades, organizadas en grupos mixtos preferentemente, que no supongan exclusión por razón de sexo, nivel de habilidad, etc. (Gómez Lecumberri y otros, 2009).
- Varios niveles de ejecución, incluso adaptarlos a niñas y niños con n.e.e.
- Cuidar que nadie monopolice móviles, espacios, reglas, etc.
- Posibilidad de organizar su práctica en los **recreos** a través de los llamados "**recreos inteligentes**" y "**un día sin balón**"

2.1. RELACIONES ESTRATÉGICAS EN LOS JUEGOS.

En los juegos podemos conjugar cuatro tipos de **relaciones** estratégicas (Torres y colls. 1994):

- **Cooperación**. Hay vinculaciones tendentes a conseguir un fin común, todos ganan y nadie pierde. Se utiliza para **unir** a las personas no para enfrentarlas, debiendo **jugar juntas**, no unas contra otras.
- **Oposición**. Participan **dos** individuos o grupos. El éxito de uno significa el fracaso del otro. Se requiere, por tanto, concentración, un entrenamiento adecuado, esfuerzos constantes y el amor propio junto con el deseo de triunfo. Cuando participan dos equipos, entre sus componentes mantienen una estrategia de cooperación. La competición bien usada es un elemento que permite al alumno introducirse en la realidad social del sistema competitivo, pero lo educativo es usar la **competición** como un **medio**, no para ganar como sea.
- **Resolución**. Son juegos donde existe la posibilidad de resolver situaciones problema durante su desarrollo. Ante la propuesta de: "por tríos, desplazarse unidos, sin soltarse, de cinco maneras diferentes", cada alumno puede solventar el problema de manera particular (Cañizares, 1998).
- **Individual**. Se da en situaciones donde el niño juega solo y la incertidumbre proviene del medio que le rodea, los móviles que usa y su limitación creadora.

2.2. LA ORGANIZACIÓN DE LOS JUEGOS EN LA CLASE DE EDUCACIÓN FÍSICA.

Desde un punto de vista de su complejidad, el juego va desde el libre y espontáneo, hasta el más arduo de los deportes, esto es, de manera ascendente de menor a mayor complejidad. Se pueden dar los siguientes tipos de **organización**, entendiendo a ésta como la forma de ubicarse, de disponerse:

- **Libre** y espontánea. Se realiza de manera natural y sin la influencia del adulto. Tiene suma importancia para el desarrollo de la **personalidad**. A destacar:
  - Permite conocer la estructura del juego infantil
  - Tienen carencia de organización
  - No tiene medida temporal, cesa cuando se cansa o desmotiva.
- **Organización simple**. Son aquellas que se realizan generalmente de forma individual, en el que cada niña o niño se compara con los demás, trata de emular a otros procurando hacer la tarea mejor o más rápida que los demás.
- **Codificada**, **reglamentada**. Las que tienen determinadas reglas o códigos por

los que se rigen, destacando la **comunicación motriz** que es muy intensa, tanto en la faceta de cooperación como en la de oposición.

2.3. LA SELECCIÓN DE LOS JUEGOS EN PRIMARIA. NIVELES DE ADECUACIÓN.

Narganes, (1993) y Expósito (2006), indican una serie de aspectos **metodológicos** a tener en cuenta a la hora de seleccionar los juegos a aplicar, que resumimos en este croquis.

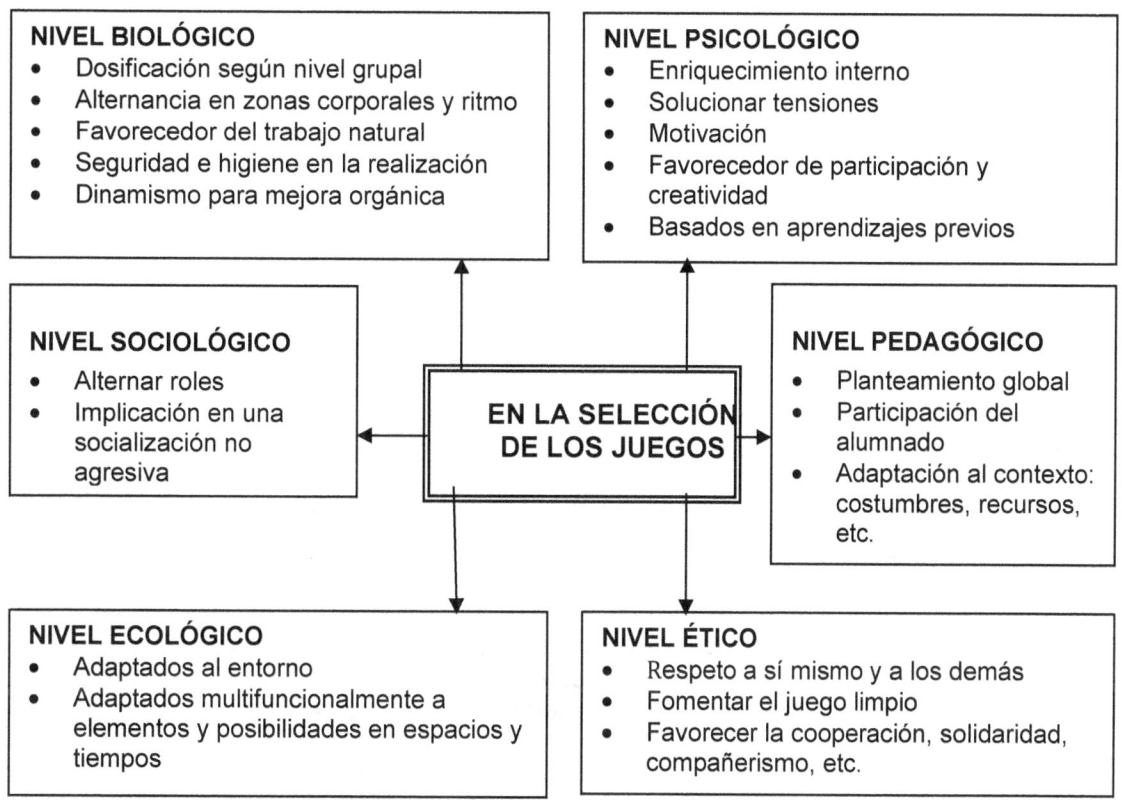

2.4. CONSIDERACIONES SOBRE EL DESARROLLO DIDÁCTICO DEL JUEGO. APLICACIÓN A LA SESIÓN DE EDUCACIÓN FÍSICA.

El proceso a seguir a la hora de un **planteamiento** didáctico del juego en las diferentes sesiones de Educación Física, será el siguiente, con expresión de las **funciones** del docente (Cañizares y Carbonero, 2007):

1. PREPARACIÓN. FASE PRE ACTIVA.	• Selección de los juegos a utilizar en función de las Competencias Clave y objetivos a cumplir. Diseño. • Preparación de los recursos espaciales y materiales • Posibilidad de información previa enviada al alumnado a través de Plataforma de Aprendizaje, Blog, Webquest, etc.
2. PRESENTACIÓN. FASE INTERACTIVA.	• Disposición de los participantes • Explicación y aclaraciones • Demostración • Formación de equipos y distribución de los roles • Reparto del material (lo último)
3. EJECUCIÓN.	• Animación • Arbitraje • Recogida de información de cara a la evaluación.
4. EVALUACIÓN. FASE POST ACTIVA	• Recabar opiniones • Solicitar variantes • Reflexión final. Evaluación del maestro.

1. Preparación.

Debemos disponer de un repertorio suficiente y para seleccionarlos nos basaremos en las características evolutivas del alumnado, las Competencias Clave, los objetivos de la unidad didáctica y de la sesión, su ubicación dentro de la misma y las posibilidades materiales de realización. Si seleccionamos varios, tendremos en cuenta el nivel de esfuerzo requerido (Arufe et al., 2009). Por ejemplo, si están destinados a los más pequeños, tendremos en cuenta seleccionar juegos simples y de corta duración ya que sus niveles de concentración son endebles aún. En cualquier caso, debemos **huir** de juegos donde la **eliminación** esté presente. Por otro lado, en los últimos tiempos es ya habitual que el maestro/a envíe **información previa** sobre el juego en cuestión, sobre todo los de índole popular/tradicional o deportiva, es decir, aquellos que tienen más elementos a considerar, reglas, etc., con objeto de facilitar y operativizar esta fase previa, a través de **Internet**: Plataformas de Aprendizaje (Tiching, Moodle, Kahoot! etc.), Wiki, Blog, Webquest, etc.

Son muchos los recursos espaciales (patio, S.U.M., pistas, etc.) y materiales que podemos utilizar (picas, aros, pelotas, cuerdas, etc.), sin olvidar que resulta más motivador que éstos los construyan los propios alumnos. Todo ello debemos conocerlo **previamente** para así anticiparlos. Debemos sacar el máximo partido a los recursos espaciales que tengamos y será preciso que tracemos con anterioridad las líneas de demarcación del campo y coloquemos las señales precisas. En todo caso, deberá estar exento de peligros, por ejemplo obstáculos, grietas, etc.

2. Presentación.

La realizaremos con explicaciones claras y breves, para que puedan ser practicados en el menor tiempo posible. Hablaremos alto, claro, despacio y con naturalidad, concretando lo más básico para ir completando la información a lo largo de su desarrollo. Utilizaremos los canales de comunicación más adecuados: visual, auditivo y kinestésico-táctil. **Colocaremos** al alumnado de la forma más apropiada para que todos puedan verse y también nosotros los controlemos, por ejemplo, sentados en un semicírculo en el suelo. Todas y todos deberán **comprender** las reglas y aclarar las dudas antes del inicio (Torres y colls. 1994).

Posteriormente debemos disponer la organización y formación de **equipos**, decir los roles a cada participante y su posible rotación.

Debemos cuidar mucho el **equilibrio** de fuerzas entre el alumnado y los equipos, para lograr con ello que el juego sea incierto y el resultado pueda decantarse para ambos lados, así como que el trabajo físico a realizar no resulte desproporcionado. También cuidaremos de posibles **actitudes racistas** y de **género** que son muy dadas en estas situaciones (Contreras, 2009).

Igualmente tendremos en cuenta la disminución de algunas capacidades que pueden tener algunas niñas o niños y quienes presenten necesidades específicas de apoyo educativo (Barcala, 2009).

La formación de los equipos la haremos nosotros o el propio alumnado con sistemas **tradicionales**, como por ejemplo echar suertes. De este modo estamos favoreciendo la transmisión de esta parte de nuestra cultura lúdica.

Por **último** procedemos a distribuir el material preciso para la ejecución del juego, de esta forma evitaremos distracciones.

3. Ejecución.

Comienza tras la entrega de los móviles. Debemos limitarnos a encauzar y sugerir, no interfiriendo en su desarrollo, **absteniéndonos** de participar directamente. Debemos mostrarnos abiertos, flexibles, dialogantes, dando refuerzos motivadores y facilitando la autonomía personal (Navarro, 1993).

Introduciremos **modificaciones** según el desarrollo del juego. Cuidaremos que no existan crispaciones, que se respeten entre ellos y ellas, etc. Podemos arbitrar o que esta labor la realicen los propios participantes. En todo caso, si el juego empieza a perder interés, cambiarlo.

Durante la ejecución de los juegos pueden plantearse algunos problemas que debemos considerar para ponerle solución (Torres y colls. 1994):

- Marginación de participantes con nivel más bajo
- Exclusiones por eliminación, etc.
- Perseguir el enfrentamiento para obtener el resultado
- Ausencia de solidaridad y cooperación entre los actuantes
- No respetar las decisiones arbitrales
- Conflictos por motivos sexistas o racistas

Deseamos señalar que el carácter competitivo no se puede apartar del juego porque motiva, si no existiera dejaría de interesar. Lo malo es la excesiva competencia, ésta debe ser un instrumento para educar. De todas formas debemos promocionar juegos que rompan con las formas de competición tradicionales (Torres y colls. 1994).

También se producen acciones muy aptas para que las tengamos en cuenta posteriormente a la hora de evaluar.

4. Evaluación.

Aunque los juegos infantiles no tienen una finalidad que no sea el propio juego, sí exigen, en la mayoría de los casos, una calificación o **resultado** que justifique el agonismo que encierra. En muchas ocasiones el interés del juego se mantiene en pie exclusivamente por la búsqueda de ese resultado, que llega a ser en otros su núcleo.

La calificación del juego debe tener tres cualidades: **claridad, sencillez e inmediatez** (Gutiérrez, 1991).

Podemos utilizar como instrumento las Listas de Control, donde registramos todos aquellos parámetros que más nos interesen en cada momento. Por ejemplo, la participación, respeto a las normas y a los demás, esfuerzo, cooperación, etc. (García Fernández, 2005).

No olvidemos que el juego se convierte en el mejor recurso para obtener información sobre los escolares y verificar si van adquiriendo los aprendizajes (Valero, 2002).

2.4.1. TIPOS DE JUEGO SEGÚN LA PARTE DE LA SESIÓN.

Campo (2000) y García Fernández (2005), manifiestan que:

a) En la **Animación** los juegos serán eminentemente dinámicos.

b) En la parte **Central** haremos juegos relacionados con los objetivos a conseguir (las habilidades de todo tipo: perceptivas, básicas, genéricas, específicas, expresivas, etc.).

c) En la parte **Final** o Relajación, los contenidos lúdicos estarán en consonancia con todo lo relacionado con los aspectos sensoriales y relajatorios.

2.5. JUEGOS Y EDAD. ETAPAS EVOLUTIVAS DEL JUEGO.

Para la redacción de este apartado nos basamos en Gutiérrez (1991), García Fernández (2005) y Expósito (2006). En una tabla resumimos el tipo de juego, edades de las etapas Infantil y Primaria en las que se suele practicar y sus peculiaridades.

TIPO DE JUEGO	EDAD	PECULIARIDADES
FUNCIONAL	Hasta 6 meses	Juego sensorial y solitario, que afecta a vista y boca. Se irá integrando al resto de zonas corporales.
EXPLORACIÓN	6 a 12 meses	Toma relación con el entorno, el "reflejo de orientación". La bipedestación invita a ello. Juego con objetos.
AUTOCONFIRMACIÓN	1-2 años	Juegos de tipo sensorio-motor. Descubre su propio ser y sus posibilidades. Disfruta con sus juguetes.
SIMBÓLICO	2-4 años	Juegos de construcción y destrucción. Gusta tener a alguien que le acompañe.
PRESOCIAL	4-6 años	Busca a compañeros para sus juegos. Representa actividades propias de las personas adultas.
REGLADO Y SOCIAL	6-8 años	Auge del juego colectivo, marginándose de los adultos. El juego pasa del entorno familiar al escolar.
COMPETICIÓN	8-10 años	Juegos populares y colectivos de competición ("contra"), con reglas auto impuestas y cambiantes que provocan discusiones. Juegos de "niñas y niños" y formación de pandillas al final del periodo.
EJERCITACIÓN	10-12 años	Juegos solidarios e individuales. Juego expresivo y de imitación. Concursos de tipo intelectual y de construcción.

Deseamos matizar que la irrupción desde los últimos años del siglo XX de nuevos juguetes **electrónicos**, consolas, etc. en el mercado, así como la popularización de Internet a todos los niveles, hace que debamos considerar, sobre todo a partir de los seis años, estas nuevas posibilidades lúdicas. Ello se ve potenciado por la creación de los **centros TIC**, donde el juego tiene fines educativos. Ya en el siglo XXI, la industria juguetera fabrica "portátiles" con programas educativos para niñas y niños.

CONCLUSIONES

Hemos tratado el tema del juego, que es fundamental para la educación en la Etapa Primaria. No podemos olvidar que la actividad lúdica es el vehículo ideal para conducir el proceso de enseñanza-aprendizaje. Las definiciones son variadas, así como las clasificaciones, funciones y teorías. El juego es un recurso imprescindible en esta etapa como situación de aprendizaje, acordes con las intenciones educativas, y como herramienta didáctica por su carácter motivador. Las propuestas didácticas deben incorporar la reflexión y análisis de lo que acontece y la creación de estrategias para facilitar la transferencia de conocimientos de otras situaciones. El tratamiento del juego en el currículo viene dado por todos sus elementos: Competencias Clave, Objetivos de Etapa y Área, Bloque de Contenido, Metodología, Evaluación, otras Áreas..., por lo que el docente debe dominar todo su potencial. Por último hemos visto cómo hay un tipo de juego para cada edad.

BIBLIOGRAFIA

- ANDREU, E. (2006). *La actividad lúdica infantil en el Mediterráneo*. Wanceulen. Sevilla.
- ARUFE, V. y OTROS. (2009). *Importancia de los principios pedagógicos de la educación motriz para el logro de las competencias básicas de los alumnos de primaria y secundaria*. En ARUFE, V. et al. en *La Educación Física en la sociedad actual*. Wanceulen. Sevilla.
- BARCALA, R. J. (2009). *Estrategias para la integración de alumnos con necesidades educativas especiales*. En GUILLÉN M. y ARIZA, L. (coords.) *Las ciencias de la actividad física y el deporte como fundamento para la práctica deportiva*. Universidad de Córdoba.
- CAMPO, G. E. (2000). *El Juego en la Educación Física Básica*. Kinesis. Armenia. Colombia.
- CAÑIZARES, J. Mª. (1998). *400 Juegos simples por parejas para el desarrollo de las Habilidades Básicas. Animación, Parte Principal y Vuelta a la Calma*. Wanceulen. Sevilla.
- CAÑIZARES, J. Mª y CARBONERO, C. (2007). *Temario de Oposiciones de Educación Física para Primaria*. Wanceulen. Sevilla.
- CHATEAU, J. (1978). *Psicología de los juegos*. Kapelusz. Buenos Aires.
- CONTRERAS, O. R. (2009). *Intervención intercultural desde la Educación Física*. En ARUFE, V. et al. en *La Educación Física en la sociedad actual*. Wanceulen. Sevilla.
- DECROLY, O. y MONCHAMP, E. (1986). *El juego educativo iniciación a la actividad intelectual y motriz*. Morata. Madrid.
- EXPÓSITO, J. (2006). *El juego y el deporte popular, tradicional y autóctono en la escuela*. Wanceulen. Sevilla.
- FERNANDEZ GARCÍA, E. -coord.- (2002). *Didáctica de la Educación Física en la Educación Primaria*. Síntesis. Madrid.
- GALLARDO, P. y TORO, V. (1993). *El juego*. Comunidad Educativa, nº 204, pp 27-28.
- GALLARDO, P. y FERNÁNDEZ GAVIRA, J. (2010). *El juego como recurso didáctico en Educación Física*. Wanceulen. Sevilla.
- GARCÍA FERNÁNDEZ, P. (2005). *Fundamentos teóricos del juego*. Wanceulen. Sevilla.
- GARCÍA-FOGEDA, M. A. (1982). *El juego predeportivo en la educación física y el deporte*. Pila Teleña. Madrid.
- GIL, P. (2003). *Animación y dinámica de grupos deportivos*. Wanceulen. Sevilla.
- GIL, P. y NAVARRO, V. (2004). *El juego motor en educación infantil*. Wanceulen. Sevilla.
- GIL, P. y NAVEIRAS, D. (2007). *La Educación Física cooperativa*. Wanceulen. Sevilla.
- GIL MADRONA, P. -coord.- (2013). Desarrollo curricular de la Educación Física en la Educación Infantil. Pirámide. Madrid.
- GÓMEZ LECUMBERRI, C. y otros. (2009). *Deporte e integración social: guía de intervención educativa a través del deporte*. INDE. Barcelona.
- GUTIÉRREZ, M. (1991). *La educación psicomotriz y el juego*. Wanceulen. Sevilla.
- HUIZINGA, J. (Varias ediciones anteriores. 2014). *Homo ludens*. Alianza Editorial. Madrid.
- JUNTA DE ANDALUCÍA (2007). Ley 17/2007, de 10 de diciembre, de Educación de Andalucía (L. E. A.). B. O. J. A. nº 252, de 26/12/07.

- JUNTA DE ANDALUCÍA (2015). *Decreto 97/2015, de 3 de marzo, por el que se establece la ordenación y las enseñanzas correspondientes a la Educación primaria en Andalucía.* B. O. J. A. nº 50, de 13/03/2015.
- JUNTA DE ANDALUCÍA. (2015). *Orden de 17 de marzo de 2015, por la que se desarrolla el currículo correspondiente a la Educación Primaria en Andalucía.* B. O. J. A. nº 60, de 27/03/2015.
- MARTÍNEZ FUENTES, M. T. (2002). *Evolución del juego a lo largo del ciclo vital.* En MORENO, J. A. *Aprendizaje a través del juego.* Aljibe. Málaga.
- MARTÍNEZ, A. y DÍAZ, P. (2008). *Creatividad y deporte.* Wanceulen. Sevilla.
- M.E.C. (2013). *Ley Orgánica 8/2013, de 9 de diciembre, para la mejora de la calidad educativa.* BOE Nº 295, de 10/12/2013.
- M. E. C. (2006). *Ley Orgánica 2/2006, de 3 de mayo, de Educación (L. O. E.).* B. O. E. nº 106, de 04/05/2006, modificada por la LOMCE/2013.
- M. E. C. (2010). *Real Decreto 132/2010, de 12 de febrero, por el que se establecen los requisitos mínimos de los centros que impartan las enseñanzas del segundo ciclo de la educación infantil, la educación primaria y la educación secundaria.* B.O.E. nº 62, de 12/03/2010.
- ECD/65/2015, *O. de 21 de enero, por la que se describen las relaciones entre las competencias, los contenidos y los criterios de evaluación de la educación primaria, la educación secundaria obligatoria y el bachillerato.* B.O.E. nº 25, de 29/01/2015.
- MÉNDEZ, A. y MÉNDEZ, C. (2004). *Los juegos en el currículum de la Educación Física.* Paidotribo. Barcelona.
- MORENO, J. A. (2002). *Aprendizaje a través del juego.* Aljibe. Málaga.
- NARGANES, J.C. (1993). *Juego y desarrollo curricular en Educación Física. Orientaciones para Reforma en Enseñanza Primaria.* Wanceulen. Sevilla.
- NAVARRO, V. (1993). *El juego infantil.* En VV. AA. *Fundamentos de Educación Física para Primaria*, vol. II. INDE. Barcelona.
- NAVARRO, V. (2002). *El afán de jugar.* INDE. Barcelona.
- NAVARRO, V. (2007). *Tendencias actuales de la Educación Física en España. Razones para un cambio.* (1ª y 2ª parte). Revista electrónica INDEREF. Editorial INDE. Barcelona. http://www.inderef.com
- ORLICK, T. (2001). *Libres para cooperar, libres para crear.* Paidotribo. Barcelona.
- PAREDES, J. (2002). *Aproximación teórica a la realidad del juego.* En MORENO, J. A. *Aprendizaje a través del juego.* Aljibe, Málaga.
- PAREDES, J. (2003). *Juego, luego soy.* Wanceulen. Sevilla.
- PARLEBAS, P. (1988). *Elementos de sociología del deporte.* Unisport. Málaga.
- PIAGET, J. (1983). *Psicología y Pedagogía.* Sarpe. Madrid.
- PIAGET, J. (1986). *La formación del símbolo.* Fondo de Cultura Económica. México.
- PONCE, A. y GARGALLO, E. -coords.- (2003). *Reciclo, construyo, juego y me divierto.* CCS. Madrid.
- ROMERO CEREZO, C. (2002). *El juego en el Decreto del Área de Educación Física, Etapa de Educación Primaria.* Revista "Habilidad Motriz", nº 18, págs. 48-59. C.O.P.L.E.F.A. Córdoba.
- ROSILLO, S. (2010). *Actividad motora. Plan educativo de adquisición de hábitos de vida saludable en la educación.* Procompal. Almería.
- SÁENZ-LÓPEZ BUÑUEL, P. (2002). *La Educación Física y su Didáctica.* Wanceulen. Sevilla.
- SUARI, C. (2005). *Juegos tradicionales: del currículum a la clase.* Wanceulen. Sevilla.
- TORRES GUERRERO, J. y colls. (1994). *Las Actividades Físicas Organizadas en Educación Primaria.* Rosillo's. Granada.

- VALERO, A. (2002). *El juego en la Educación Primaria*. En MORENO, J. A. *Aprendizaje a través del juego*. Aljibe. Málaga.
- ZAGALAZ, Mª L.; CACHÓN, J.; LARA, A. (2014). *Fundamentos de la programación de Educación Física en Primaria*. Síntesis. Madrid.

WEBGRAFÍA (Consulta en octubre de 2015).

http://www.agrega2.es
http://recursos.cnice.mec.es/edfisica/
http://www.adideandalucia.es
http://www.ite.educacion.es/es/recursos
http://www.educarm.es/admin/recursosEducativos#nogo
www.juntadeandalucia.es/educacion/descargasrecursos/curriculo-primaria/index.html
http://www.guiaderecursos.com/webseducativas.php
http://recursostic.educacion.es/primaria/ludos/web/index.html

www.ingramcontent.com/pod-product-compliance
Lightning Source LLC
Chambersburg PA
CBHW080256170426
43192CB00014BA/2694